大図解

新NISA
対応版

お金のしくみ
見るだけノート

監修 | 伊藤亮太 | Ryota

JN029946

OKANE NO
SHIKUMI
MIRUDAKE
NOTE

宝島社

はじめに

今よりもお金の知識を深めて
自分の身は自分で守ろう！

「お金がなくて苦労している」とか、「もっとお金持ちになりたい」という人は多いかと思います。たしかにお金というのは、自由や欲望が満たされるチケットのようなものです。好きなモノを好きなときに好きなだけ買えたら、それ以上の幸せはないでしょう。

　しかしながら、どんなにたくさんお金を持っている人でも、欲望の限りを尽くしてしまえば、お金なんてあっという間になくなってしまいます。逆に、「今まさにお金に困っている」という人でも、日々の生活のちょっとした欲望を抑えることができれば、10年後、20年後にそれなりの資産が形成される場合があります。

　つまり、お金は「使い方」だけでなく、「付き合い方」というのも重要だということです。実際、私はファイナンシャルプランナーとして、家計の生活支援や企業の経営支援を行っていますが、その支援の要旨はまさに「お金との付き合い方」です。ただ、お金と付き合うためには、少なからず「お金のしくみ」を知っておく必要があります。

そこで、本書は今話題となっている新NISAからはじまり、生活のなかに欠かせないお金、生活を守ってくれるお金、増やすことで生活を潤してくれるお金……といった形で、さまざまな「お金のしくみ」についてふんだんに盛り込んだイラストと簡潔な文章で紹介します。

「お金について知りたいけど、難しそう……」なんて思っている人にこそ読んでいただきたい内容です。

ちなみに、日本は近年になってようやく金融教育の大切さが広まってきましたが、まだまだお金について知らないという人は数多くいます。「自分の身は自分で守る」という言葉がありますが、これから生きていくうえでお金の知識は必要不可欠です。

お金に関する知識を持てば、お金に振り回されたり、騙されたりすることはなくなります。それどころか、お金の知識を得ることで、今後あなたのお金は今以上に増えるかもしれません。ぜひとも本書をお読みになり、お金に対する理解度を深めていただければ幸いです。

伊藤亮太

本書でわかる
お金のしくみって?

お金のことを深く知るためには、専門用語を覚えたり幅広い知識を持ったりする必要があります。本書では4つのテーマに絞り、イラスト図解でわかりやすく紹介します。

CHAPTER 01 新NISAでお金を増やす

多くの人が注目している
非課税の投資制度

通常、投資で儲けたお金には税金がかかるのですが、NISAの場合は税金がかかりません。また、2024年から新制度に変更となり、ますます使い勝手がよくなった新NISA。そのしくみをシンプルかつ簡単に解説します。

CHAPTER 02 生活のなかにあるお金を知る

生きるうえで必要な
お金の知識をレクチャー

生きていくためにお金は必ず必要ですが、何にどれくらいお金がかかるか具体的に知っていますか? また、お金が持っている役割やモノの値段がどう決まっているかなど、お金にまつわる基礎知識も併せて解説します。

結婚

出産

教育

CHAPTER 03　保険について学ぶ

金銭的なリスクを
保険や年金で守る

事故やケガなど、人生には予期しないことが起こるものです。そんなときの備えになるのが保険です。ただ、保険にはどのような種類があり、どのようなものに加入したらいいでしょうか？　本Chapterにてくわしく解説します。

CHAPTER 04　投資にまつわる知識を紹介

インフレやデフレなど最低限の金融知識を知る

「貯蓄の時代から投資の時代へ」といわれる昨今。しかしながら投資するにしても、金融知識がなくてさっぱりわからないという人も多いのが実情です。そこで、投資をするなら知っておいてほしい知識をわかりやすく紹介します。

大図解 新NISA対応版 お金のしくみ 見るだけノート Contents

はじめに ……………………………………… 2

プロローグ
本書でわかる
お金のしくみって？ ………………………… 4

CHAPTER 01

話題の新NISAって何がすごいの？

01 NISA は
税金のかからない投資
非課税 ……………………………… 10

02 NISA はコツコツと
儲けられる投資
複利 ………………………………… 12

03 2種類の
投資枠の違いとは？
つみたて投資枠、成長投資枠 … 14

04 どちらも金融庁が選んだ
金融商品
金融庁 ……………………………… 16

05 年間360万円まで
投資ができる
年間 360 万円 …………………… 18

06 最大1800万円まで
投資が可能
1800 万円 ………………………… 20

07 非課税の投資枠は
再利用が可能
再利用 ……………………………… 22

08 投資枠は
自分に合った資金で行おう
自分に合った資金、リスク ……… 24

COLUMN 01
NISA をはじめるなら
ネット証券がおすすめ ………………… 26

CHAPTER 02

暮らすために必要なお金の知識

01 そもそものお金の役割を
知っておく
お金の役割 ………………………… 28

02 モノの値段は
どうやって決まっているか？
需要と供給 ………………………… 30

03 お金というのは
現金だけではありません
クレジットカード、電子マネー …… 32

04 お金は今でも進化している
フィンテック ………… 34

05 なぜ、お金を貯めておく
必要があるのか
ライフイベント ………… 36

06 理想的な
お金の貯め方を押さえる
貯蓄 ………… 38

07 クレジットカードの
賢い使い方は一括払い
一括払い ………… 40

08 結婚にはどれくらいの
費用がかかる？
結婚資金 ………… 42

09 出産にはどれくらいの
費用がかかる？
出産費用 ………… 44

10 教育にはどれくらいの
費用がかかる？
教育費用 ………… 46

11 賃貸と持ち家、
費用はどれくらいかかる？
住宅購入 ………… 48

12 車にはどれくらいの
費用がかかる？
自動車費用 ………… 50

COLUMN 02
たくさん働けば
お金がもらえるは間違い ………… 52

CHAPTER 03
守るために必要な
お金の知識

01 そもそも社会保険って何？
社会保険 ………… 54

02 医療保険のしくみを
知っておく
医療保険 ………… 56

03 自分の面倒は
保険が見てくれる
介護保険 ………… 58

04 家には必ず保険を
かけておこう
火災保険、地震保険 ………… 60

05 車には任意保険を
必ずかけておこう
自賠責保険、任意保険 ………… 62

06 知っておきたい年金のこと
年金 64

07 老後資金の増やし方を知る
iDeCo 66

COLUMN 03
意外と知られていない
税金の話 68

06 インフレ・デフレの
意味を知りたい
インフレ・デフレ 80

07 外国為替って何？
外国為替 82

08 円高・円安って
どういうこと？
円高・円安 84

09 株式のしくみを知る
株取引 86

10 株価はどうやって決まる？
株価 88

11 知っておきたい
株式投資の心得
元本割れ 90

12 投資信託と
ETF について知る
投資信託、ETF 92

COLUMN 04
ニセ札を造るのは
重大犯罪となる 94

主要参考文献 95

CHAPTER 04

増やすために必要な お金の知識

01 金融ってどういうこと？
直接金融、間接金融 70

02 証券会社って
何をしているところ？
証券会社 72

03 銀行って
何をしているところ？
銀行の3大機能 74

04 日本銀行ってどんな銀行？
日本銀行 76

05 景気とは
一体どういうことか？
景気 78

CHAPTER 01

話題の新NISAって
何がすごいの？

お金を増やす制度として注目を集めている新しいNISA。
どういうしくみだかわからないという人のために、
イラスト図解でわかりやすく紹介します。

NISAは税金のかからない投資

新しく生まれ変わった NISA には、
知らないと損なメリットがたくさん盛り込まれています。

KEY WORD　　　非課税

2024 年から新しくなったことで大きな話題を呼んでいる新 NISA。気になっている人も多いのではないでしょうか。そもそも NISA とは、少額投資非課税制度と呼ばれる投資方法の一種です。一般的な投資では、得た利益に約 20％の税金がかかり、実際に受け取れるのは残りの約 80％分のみとなっています。一方、NISA は**非課税**、つまり**税金がかからないため、利益をそのまま受け取れるのです。**

NISA の利益は税金がかからない

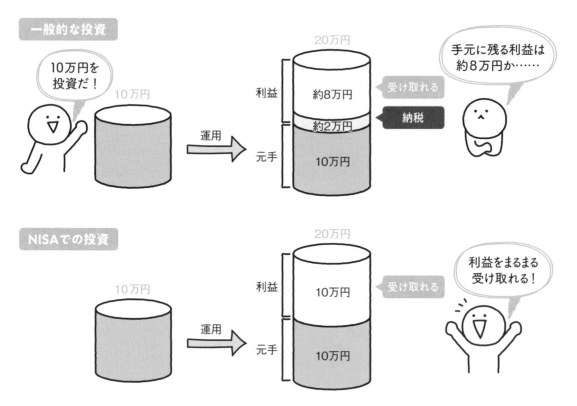

通常、投資で得た利益には約 20％の税金がかかりますが、NISA で投資をすると税金がかからず、利益をそのまますべて受け取ることができます。

今回、NISAがどう新しく変化したのかというと、注目すべき点は2つあります。1つは**非課税期間が無期限になったこと**。旧NISAでは非課税となる期間が限られていましたが、新NISAではそれが無期限になり、長期的な投資をしやすくなりました。もう1つは、**いつでも利用できるようになったことです**。投資のタイムリミットがなくなり、焦ることなく好きなタイミングで取引できます。

新NISAの注目点

非課税期間が無期限

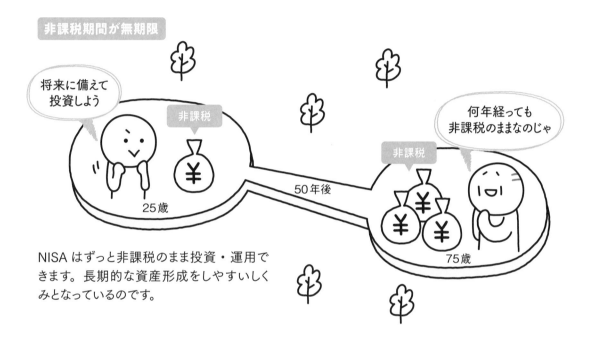

NISAはずっと非課税のまま投資・運用できます。長期的な資産形成をしやすいしくみとなっているのです。

いつでも投資できる

旧NISAには投資の期限がありましたが、新NISAではそれがなくなり、恒久化されました。焦らず、いつでも好きなタイミングで投資できます。

NISAはコツコツと儲けられる投資

長期的にNISAで投資することで、複利の効果によって、コツコツと資産を増やしていくことができます。

KEY WORD 複利

前頁で解説したように、NISAは思い立ったときにいつでもはじめることができます。とはいえ、早めに利用するに越したことはないでしょう。NISAで得られる利益は主に**複利**です。投資で得た利益をもとの投資資金に加え、再投資を繰り返していくのが複利になります。**早くはじめるほどその分の投資期間が長くなるので、どんどん利益が積み上がります。**

複利とは？

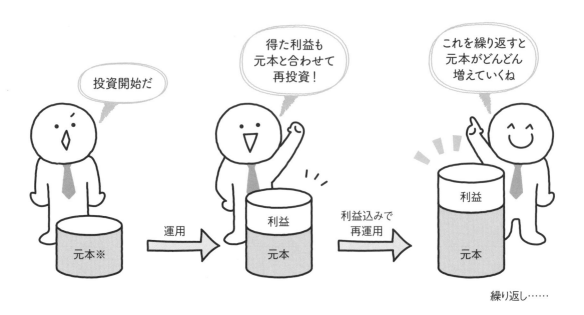

投資した元本を運用し得た利益を、元本に加えて全額を再投資。これを繰り返すことで、資産をどんどん増やしていくのが複利です。

※元本……元手となるお金。投資資金。

NISAをはじめるには、専用の口座を開設する必要があります。**1人が保有できる口座は1つまでで、金融機関で開設可能です。**また、NISAの非課税枠はそのすべてを運用しなくてもかまいません。無理のないよう、少額から投資を行ってもOKです。どんな額であれ、長期的にNISAで投資すれば、複利でコツコツ資産を形成していくことができます。

NISA は複利にぴったり

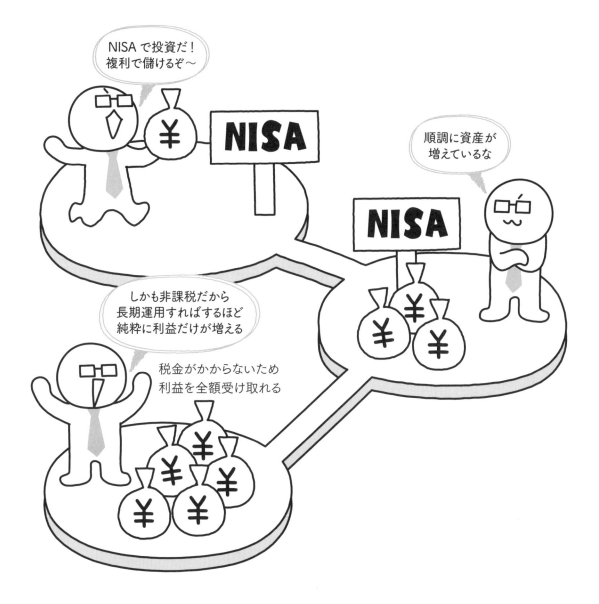

複利は運用期間が長期であるほど大きくなります。また、NISAは非課税のため長期的に運用すればよりお得に。そのため、複利とNISAは相性がいいといえます。

2種類の投資枠の違いとは？

つみたて投資枠と成長投資枠にはそれぞれ特徴があります。自分に適した投資の仕方を考えましょう。

KEY WORD つみたて投資枠、成長投資枠

NISAの投資方法は2種類あります。まず、**つみたて投資枠**です。これはその名の通り、積み立てという一定額を定期的にコツコツ投資する方法。投資の対象となるのは、安定的な資産形成に適した一定の商品のみです。もう1つは、**成長投資枠**。積み立てもできれば、好きなときに自由な金額で投資するスポット購入も可能です。**投資対象は幅広く、つみたて投資枠の対象商品も網羅しています。**

堅実なつみたて投資枠

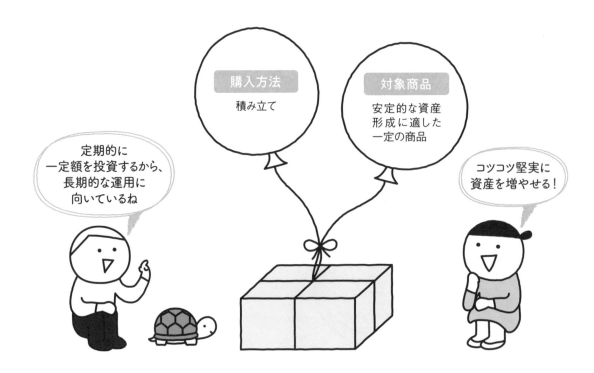

定期的に一定額を投資するから、長期的な運用に向いているね

購入方法
積み立て

対象商品
安定的な資産形成に適した一定の商品

コツコツ堅実に資産を増やせる！

つみたて投資枠はコツコツ資産を形成できるのが魅力。早めに投資して運用期間を長くすることによって、大きな利益を期待できます。

つみたて投資枠は長期的に資産を増やす堅実な方法で、成長投資枠は多彩な選択肢のある自由度の高い方法といえます。**これら2つは併用することも可能です。**つみたて投資枠でコツコツ資産を増やしながら、成長投資枠で自由に投資してみるというふうに、自分に合ったやり方で投資するといいでしょう。上手く併用すれば、両者の非課税枠を活かして、よりお得な資産形成が叶います。

自由な成長投資枠

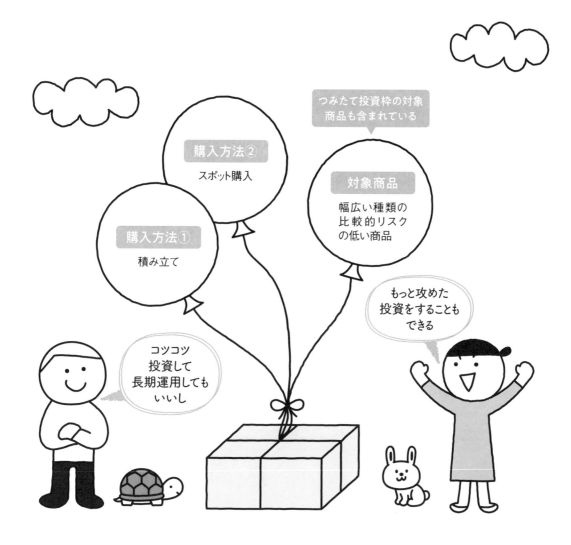

成長投資枠は選択肢が広く、より自由な投資が行えます。つみたて投資枠のようにコツコツ投資することも、好きなタイミングで投資して短期運用することもできるでしょう。

どちらも金融庁が選んだ金融商品

NISA は金融庁が選んだリスクの低い堅実な資産形成に向いた商品だけが、投資対象となっています。

前項で解説したつみたて投資枠は、旧 NISA におけるつみたて NISA で、成長投資枠は一般 NISA にあたります。つみたて投資枠の対象商品は、つみたて NISA のものと同じですが、**成長投資枠の対象商品は一般 NISA のものとは異なっています**。具体的には、整理・監理銘柄の株式や信託期間が 20 年間未満のもの、高レバレッジのもの、毎月分配型の投資信託は対象から外されました。

NISA の対象商品

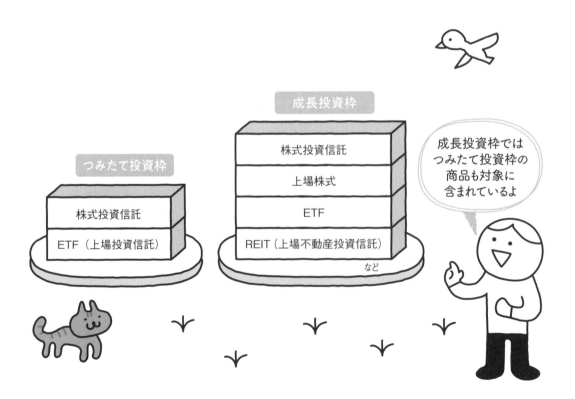

つみたて投資枠
株式投資信託
ETF（上場投資信託）

成長投資枠
株式投資信託
上場株式
ETF
REIT（上場不動産投資信託）

など

成長投資枠では
つみたて投資枠の
商品も対象に
含まれているよ

つみたて投資枠は一定の基準を満たす商品だけ、成長投資枠はより幅広い商品を含んでいますが、どちらも安定的な資産形成に適したものばかりです。

対象外となった商品はリスクの高いものが多く、NISA の目的である「安定的な資産形成」には向かないと**金融庁**によって判断されたのです。裏を返せば、**NISAの対象となっている商品はどれも比較的リスクが低く、手をつけやすいものが多いということ**。また金融庁の定めた一定の基準を満たしている商品なので、初心者でも安心して投資をはじめることができます。

金融庁が選んだ商品だから安心

NISA の改革に伴い、金融庁の定めた基準に従って投資の対象となる商品は、よりリスクの低いラインナップとなりました。はじめての人でも、安心して投資しやすいといえます。

お金のしくみ❶

05

年間360万円まで投資ができる

新しくなった NISA では投資可能額が拡充されました。2つの投資枠を併用すればさらにその限度額は高くなります。

KEY WORD　年間 360 万円

NISA では、投資できる金額が年単位で決まっています。**つみたて投資枠は年間120 万円まで、成長投資枠は年間 240 万円まで**です。両者は併用できるので、合わせて**年間 360 万円**までは新しく投資することができます。とはいえ、あくまで上限が 360 万円というだけであり、この金額いっぱいまで投資しなければならないわけではありません。

年間で投資できる額は決まっている

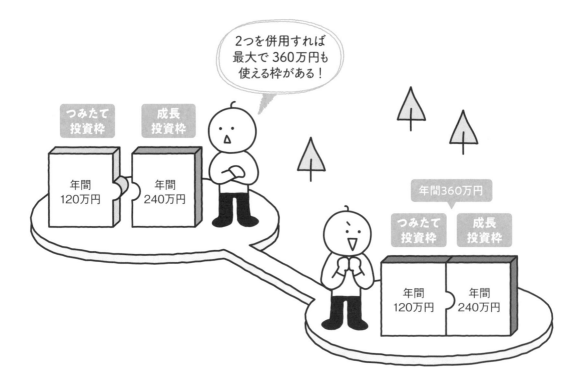

新しく投資できる額は、つみたて投資枠が年間 120 万円、成長投資枠が年間 240 万円までです。2 つを併用すれば、最大で年間 360 万円を非課税で投資することができます。

これだけ限度額が高ければ、自分の思うような投資をすることができます。また、P.14で解説したように、成長投資枠の対象商品にはつみたて投資枠の対象商品も含まれています。**つみたて投資枠で上限いっぱいまで商品を購入し、同じ商品を成長投資枠でも上限いっぱいまで購入することも可能**。つまり特定の商品に対して、年間360万円を投資するという手もあるのです。

投資枠の併用で自由に投資

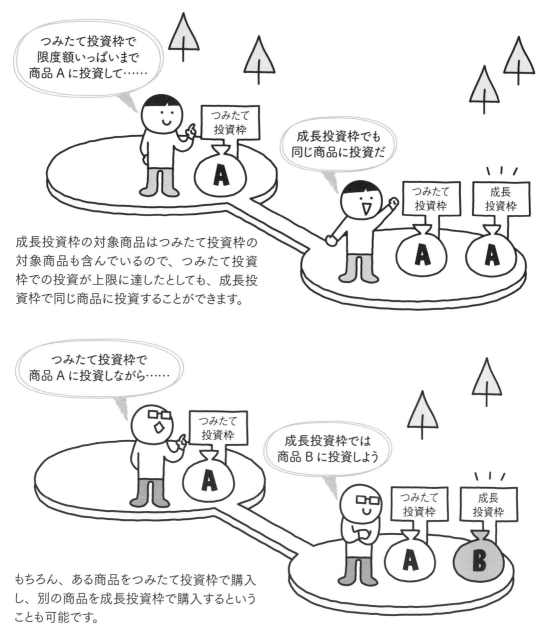

成長投資枠の対象商品はつみたて投資枠の対象商品も含んでいるので、つみたて投資枠での投資が上限に達したとしても、成長投資枠で同じ商品に投資することができます。

もちろん、ある商品をつみたて投資枠で購入し、別の商品を成長投資枠で購入するということも可能です。

最大1800万円まで投資が可能

生涯に NISA で投資できる金額は 1800 万円。年間に投資できる金額も考慮し、上手く投資・運用することが大切です。

前項で年間に投資できる金額は決まっていると解説しましたが、加えて生涯に投資できる総額も決まっています。最大の投資額は **1800 万円**までで、**全額つみたて投資枠に使うことも可能です**。しかし、**成長投資枠のみでは 1800 万円を使うことはできず、こちらの上限は 1200 万円と定められています**。成長投資枠を使いながら最大限に投資したいなら、つみたて投資枠との併用が必須なのです。

生涯で1800万円投資できる

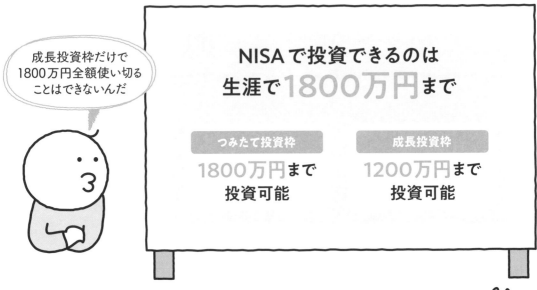

成長投資枠だけで1800万円全額使い切ることはできないんだ

NISAで投資できるのは
生涯で **1800万円** まで

つみたて投資枠	成長投資枠
1800万円まで投資可能	**1200万円**まで投資可能

NISA を利用し、非課税で投資できるのは、生涯で 1800 万円まで。つみたて投資枠では 1800 万円全額を投資できますが、成長投資枠で全額投資し切ることはできません。

投資できるのは最大 1800 万円までですが、運用する金額には上限がありません。1800 万円を元手に、運用によってそれ以上の金額を利益として得ることもできます。**同じ金額を投資するにしても、その運用期間によって得られる利益は変わってくる**ため、やはりできるだけ早いうちから投資し、長期的な運用を行うのがベストでしょう。

早めの投資が資産形成のカギ

もし上限の1800万円までNISAで投資するとしたら……

同じ 1800 万円という上限いっぱいの金額を同じ商品に投資するとしても、運用期間が長いほうが福利効果により、得られる利益は大きくなる可能性があり、最終的な資産は増えやすいといえます。

非課税の投資枠は再利用が可能

NISAの非課税枠を使っても、売却によってその分の枠が復活し、次の投資へ再利用することができます。

KEY WORD 再利用

NISAで商品を購入し、投資できる金額の上限に達してしまったとしても、商品を売却すれば、翌年にその商品の購入金額分が再び投資可能になります。つまり、**NISAの非課税の投資枠は使った分を売れば復活し、新たな投資へ再利用することができるのです。**例えば50万円で購入した商品を70万円で売却した場合、購入金額である50万円分の非課税投資枠が復活します。

NISAの非課税投資枠は復活する

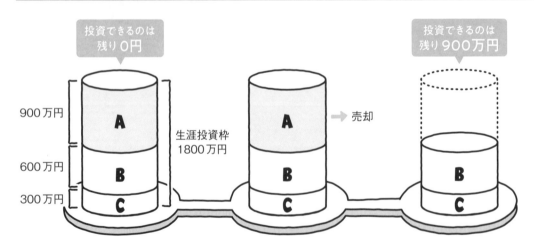

投資できるのは
残り0円

投資できるのは
残り900万円

900万円

600万円

300万円

A

B

C

生涯投資枠
1800万円

→ 売却

A

B

C

B

C

NISAで生涯に投資できる1800万円のうち、900万円で商品Aを、600万円で商品Bを、300万円で商品Cを購入し、保有している。

保有していた商品Aを売却。

売却した商品A分の非課税投資枠が、翌年に復活。新しい投資へ再利用できる。

これはうれしい

以前の NISA では、一度売却した非課税枠は再利用することができませんでした。**しかし、今回再利用ができることによって使い勝手が格段によくなったのです。**例えば、ケガや病気の治療で急にまとまったお金が必要になった場合、NISA で運用していた商品を売却して得た利益をその治療費に回し、落ち着いたときに非課税で投資を再開するということも可能です。

急な出費にも対応可能

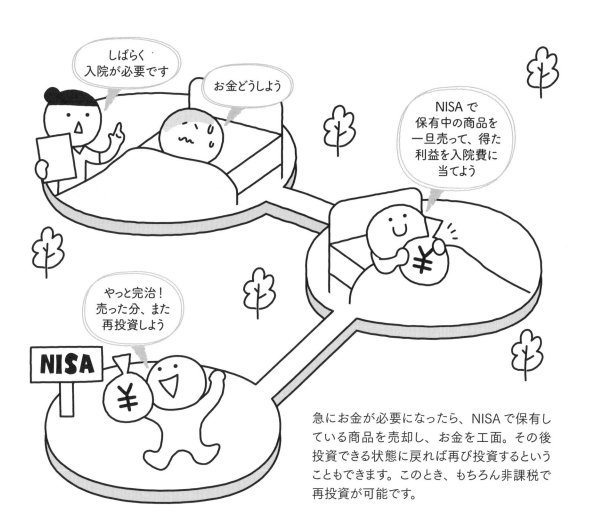

急にお金が必要になったら、NISA で保有している商品を売却し、お金を工面。その後投資できる状態に戻れば再び投資するということもできます。このとき、もちろん非課税で再投資が可能です。

投資枠は自分に合った資金で行おう

新NISAは決められた上限額はあるものの、投資の仕方は利用者に委ねられています。無理のない運用をしましょう。

自分に合った資金、リスク

今までよりも自由度が格段に上がった新NISA。最短で生涯投資枠の1800万円に到達するとなると、年間で360万円が上限なので月に30万円が必要ということになります。**この金額を毎月捻出していくのは、よほどのお金持ちでない限り現実的ではありません。**あくまで**自分に合った資金**で、無理をせずにコツコツとはじめることが大切です。

自分に合った資金で行う

※ SBI証券の場合

種類	利用条件	方法	利用可能時間	手数料	買付余力への反映
即時入金	提携金融機関のネットバンキングの契約	インターネット	24時間	無料	即時
リアルタイム入金	仲介口座へのコース変更	インターネット	各金融機関の利用可能時間内	無料	即時
銀行振込入金	お客さま専用振込用口座の申し込み	銀行ATM・窓口等	銀行ATM・窓口等受付時間	利用者負担	SBI証券のシステムで確認後
振替入金（ゆうちょ銀行）	振替サービスへの申し込み	インターネット	24時間	無料	平日14：30までの入金→4営業日後11：00 平日14：30以降の入金→5営業日後11：00 土・日・祝・年末年始→5営業日後11：00

毎月、
3万円が
精一杯だな

金持ちのワシは、
MAXの月額30万円で
やってみる

NISAは限度額を早く埋めればいいというわけではありません。また、非課税枠をすべて使い切る必要もありません。長い時間をかけるという投資方法がもっとも堅実です。

NISAでお金を堅実に増やすのであれば、つみたて投資枠で長く保有することがベストです。期間の目安ですが、**20年保有していれば基本的にはプラスになっていることがほとんどです**。逆に5年ほどの期間だと、マイナスになってしまうこともあります。NISAは安全性が高い投資ですが、**リスク**がゼロというわけではありません。

毎月3万円でも2000万円以上貯まる

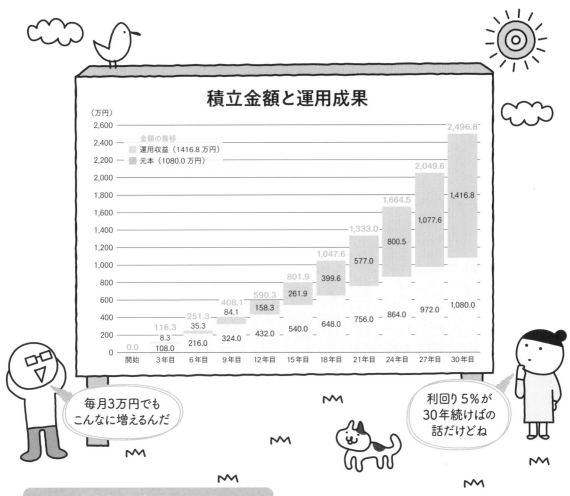

積立投資期間：30年
想定利回り：5%
積立投資額：毎月3万円
元本：1080万円
運用収益：1416万8000円
資産合計：2496万8000円

金融庁のシミュレーションによると、毎月3万円の投資でも30年続ければ、資産合計は2000万円を超えるという試算が出ています。

出典：金融庁「資産運用シミュレーション」

NISAをはじめるなら
ネット証券がおすすめ

NISA をはじめるには、金融機関で専用の口座を開設する必要があります。口座の開設は 18 歳以上かつ日本国内の居住者という点を除けば、特に制限はありません。

開設可能な金融機関は、証券会社や銀行、ゆうちょ銀行、保険会社などさまざまですが、選ぶポイントが 2 つあります。

1 つ目は、証券会社を選ぶこと。銀行、ゆうちょ銀行は投資信託しか扱っていないため、選択できる商品の幅が狭いというデメリットがあります。

2 つ目は、証券会社の窓口で開設するよりも、ネット経由で開設すること。ネットで開設したほうが安い手数料で、豊富なラインナップの商品から注文ができます。

ちなみに、NISA 口座の開設は1人1口座と決められています。1年ごとに金融機関を変更することができますが、手間や時間を考えると、同じ金融機関を使い続けることを前提に慎重に選びたいものですね。

CHAPTER 02

暮らすために必要な
お金の知識

お金とはどういうもので、何に使うといくらかかるのか——。
本CHAPTERでは、私たちが毎日使っている
日々のお金について解説します。

01

そもそもの
お金の役割を知っておく

普段、何気なく使っているお金。じつはこのお金には3つの役割が存在します。
1つ1つポイントを整理しましょう。

KEY WORD　　お金の役割

お金の成り立ちを紐解くと、最初は物々交換の仲立ちでした。つまり、**買うとは「交換」のこと**なんです。これが1つ目の**お金の役割**です。そして、2つ目の役割は「モノの価値の尺度」です。**お金があることで、モノの価値を数値化することができます**。「みかん1個は100円で、りんごは1個200円」というように、お金があることで、どちらが高いか安いかがわかるのです。

お金の3つの役割とは？

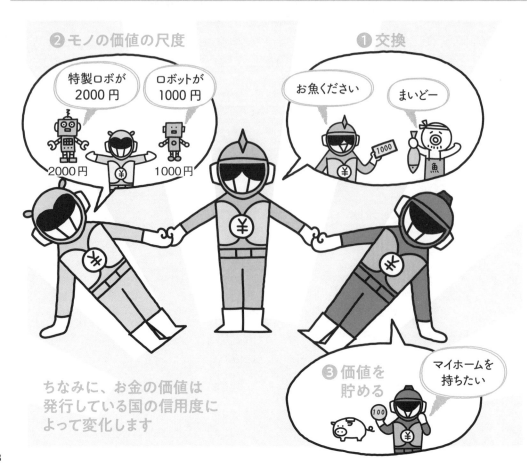

❷ モノの価値の尺度

特製ロボが
2000円

ロボットが
1000円

2000円　　1000円

❶ 交換

お魚ください

まいどー

魚

❸ 価値を
貯める

マイホームを
持ちたい

100

ちなみに、お金の価値は
発行している国の信用度に
よって変化します

そして、3つ目は「価値を貯める」という働きです。**肉や魚は腐ってしまうと価値が下がってしまいますが、お金の形であれば価値を貯めておけます**。毎月いくらかの貯蓄をして、ある程度貯まったら旅行に行くなどということは、お金があるから可能なのです。ただ、お金の価値は"信用"がないと成り立ちません。信用がなくなれば、お金の価値は暴落することもあります。

お金にはこんな利点も！

持ち運びが簡単
物品貨幣は持ち運びに不便。軽くて丈夫な紙幣は画期的な発明といえる。

細かく分けられる
物品貨幣と違ってお金は最小単位で計れるので、売買がとても楽になった。

モノの値段はどうやって決まっているか？

買い物をするときに一番気になるのが値段。そもそも、この値段というものはどうやって決まるのでしょう？

KEY WORD　需要と供給

モノの値段はどのように決まるかというと、**「需要」**と**「供給」**が関係しています。**「需要」とは消費者が商品を求める量で、「供給」とは生産者が商品を作っている量です。**供給が少なくて需要が多い場合、「高くても欲しい」という人がいるため、少しくらい高くてもモノは売れます。また、供給が多くて需要が少なかった場合、供給する側は少しでも商品を売ろうとして値段を下げます。

需要と供給の関係

需要が多く供給が少ないと値段が上がる

今年は不作でして……

2本しかないけど欲しい

欲しいカパー

1本1万円でも欲しかっぱ

誰か買って〜

大豊作

キュウリはもう飽きた

1本10円なら買ってもいいかっぱ

供給が多く需要が少ないと値段が下がる

ただ、**長い目で見ると需要と供給は釣り合うようになります**。例えば、供給が少なくて需要が多い場合、供給する側は「もっと儲けよう」と考えて供給を増やします。すると、供給が増えてしまったことで、需要を超えてしまうと値段を下げるようになります。この逆もまた然りで、供給と需要は次第にふさわしい値段になっていくのです。

需要と供給はいずれ落ち着く

お金というのは現金だけではありません

世の中が進歩していく中で、お金もどんどん発展しています。
現金以外の通貨のしくみを見てみましょう。

KEY WORD　クレジットカード、電子マネー

お金といえば硬貨とお札ですが、それ以外のお金もあります。例えば、**クレジットカード**です。ただしクレジットカードは入会審査を受け、一定の基準に満たないと利用することができません。なぜなら、**クレジットとは「信用」という意味で、支払い能力という信用が問われるからです**。ちなみに、カードでの買い物は、カード会社が代金を一時的に立て替えるというしくみになっています。

クレジットカードが暮らしを便利に

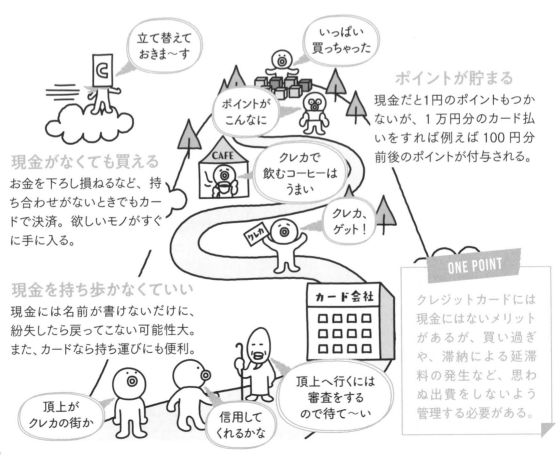

立て替えておきま〜す

いっぱい買っちゃった

ポイントが貯まる
現金だと1円のポイントもつかないが、1万円分のカード払いをすれば例えば100円分前後のポイントが付与される。

ポイントがこんなに

現金がなくても買える
お金を下ろし損ねるなど、持ち合わせがないときでもカードで決済。欲しいモノがすぐに手に入る。

クレカで飲むコーヒーはうまい

クレカ、ゲット！

現金を持ち歩かなくていい
現金には名前が書けないだけに、紛失したら戻ってこない可能性大。また、カードなら持ち運びにも便利。

カード会社

ONE POINT
クレジットカードには現金にはないメリットがあるが、買い過ぎや、滞納による延滞料の発生など、思わぬ出費をしないよう管理する必要がある。

頂上がクレカの街か

信用してくれるかな

頂上へ行くには審査をするので待て〜い

また、現金以外の通貨として**電子マネー**があります。これは現金を通貨データに変換し、データ通信で決済をします。クレジットカードのように**「ポストペイ式」と呼ばれる後払いのものと、現金をあらかじめチャージする「プリペイド方式」があります**。サインをする必要がなく、カードや端末をかざすだけで買い物ができる利便性の高さで、現在普及が進んでいます。

プリペイド式とポストペイ式

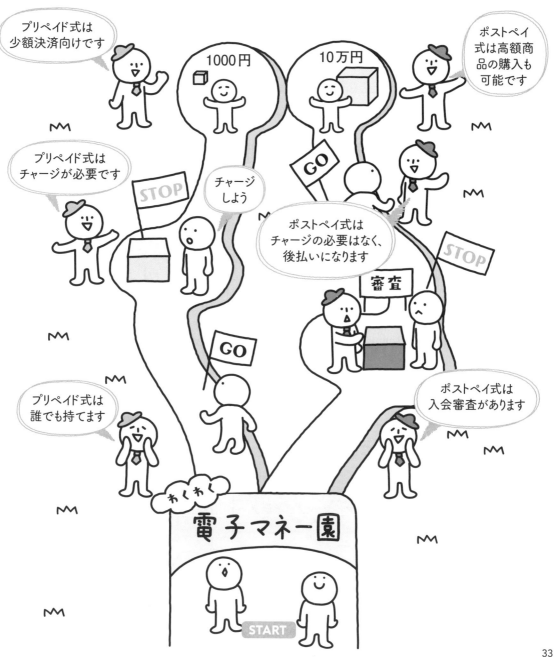

お金は今でも進化している

物々交換からはじまったお金ですが、テクノロジーの進歩によりお金に関する事業が革命的に変化しています。

KEY WORD　フィンテック

仮想通貨の登場によりお金の概念は変化しています。**フィンテック（FinTech）は金融（Finance）と技術（Technology）を合わせた造語で**、仮想通貨だけでなく、IT を駆使したお金に関する新しいサービスを指します。例えば、スマホアプリからの決済や、人工知能（ＡＩ）を使った資産運用、ネットを介した海外送金などもフィンテックに含まれます。

クレジットカードが暮らしを便利に

今後、さらなる発展が見込まれるフィンテック。ただ、お金に関するサービスを新しく打ち出すのは容易なことではありません。**銀行法やプリペイドカード法、資金決済法など、金融サービスにはさまざまな法規制があるため、1つずつクリアしていく必要があります。**また、人間の習慣はすぐに変わるものでもありません。「お金は現金に限る」という人も一定数存在するのですから。

フィンテックで世の中がもっと便利に

フィンテックはすでにはじまっている

モバイルアプリを使った銀行振込やAIによる資産運用、ネットワークユーザーによる融資など、アメリカではこのようなフィンテックがすでに実用化されている。

なぜ、お金を貯めておく必要があるのか

お金は私たちの暮らしに密接なもの。使う、稼ぐ、増やすだけでなく、貯めることを考えるのも大切です。

KEY WORD　ライフイベント

1950年代の日本人の平均寿命は、男性が約60歳、女性が約63歳でしたが、2022年には男性は約81歳、女性は約87歳と大幅に延びています。つまり、**老後に必要なお金は長寿になった分、昔と比べると確実に増えています**。若い人はバリバリ働いて稼ぐ力がありますが、体力の衰えたお年寄りには稼ぐ能力がありません。それだけに、老後を見据えた貯蓄が必要なのです。

人生にはお金と密接な関係のイベントがある

また、貯蓄は老後資金のためだけではありません。人生には結婚やマイホームの購入など、さまざまな**ライフイベント**があります。大きな支出をまかなうためには、月々の収入から少しずつ貯めておく必要があります。ちなみに、最低でも**生活費の3カ月～6カ月分は貯金をしておきましょう。なぜなら、自己都合で仕事を辞めた際に、雇用保険から給付金がもらえるまでに3カ月ほどかかるからです。**

理想的なお金の貯め方を押さえる

一般的な勤労世帯は、どれくらい貯蓄をしているか知っていますか？
貯蓄の基本やコツをしっかり押さえましょう。

KEY WORD　貯蓄

貯蓄は必要なことではありますが、爪に火をともすような極端な倹約は必要ありません。令和4年度の総務省の家計調査によると、勤労世帯の貯蓄率は平均37.1％という結果が出ています。つまり、年収のおよそ3割を貯蓄に回しています。また、**毎月の収支がプラスマイナスゼロという人は、ボーナスを貯蓄に回すなどして、年収の2割を目指すのがいいでしょう。**

あなたにかかる費目を見直しましょう

収支計算は貯金の基本

あなたの収入はいくらで、どのくらい支出があるか、現状の収入をもとに、どれくらいの支出があるかを把握しておくことが貯金では重要となります。実際、いくらかかっているかを計算してみましょう。

子育て世代は、食費や教育費などで出費がかさみ、なかなか貯蓄ができないといわれています。そういう時期は無理をせず、**貯めやすい時期に貯蓄額を増やして平均で3割を目指しましょう**。また、収入から余ったお金を貯蓄に回そうとすると、なかなか上手くいきません。収入があったら先に貯蓄分を差し引いて、残りのお金でやりくりするのが貯蓄のコツです。

ライフプランのＰＤＣＡサイクル

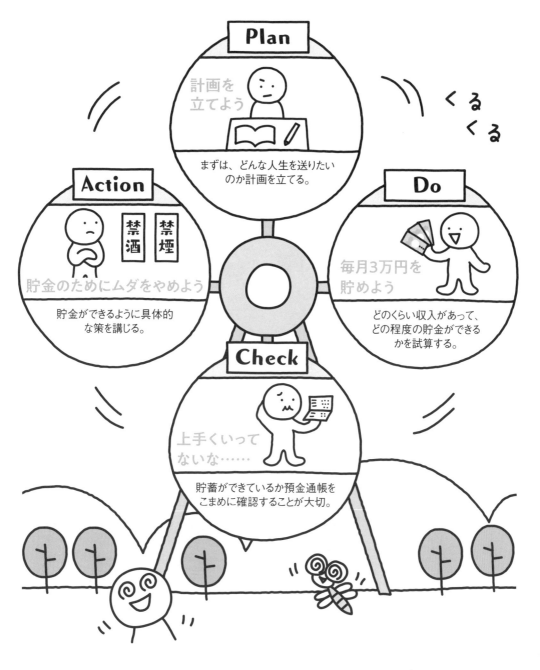

Plan
計画を
立てよう
まずは、どんな人生を送りたいのか計画を立てる。

Do
毎月3万円を
貯めよう
どのくらい収入があって、どの程度の貯金ができるかを試算する。

Check
上手くいってないな……
貯蓄ができているか預金通帳をこまめに確認することが大切。

Action
貯金のためにムダをやめよう
禁酒　禁煙
貯金ができるように具体的な策を講じる。

くるくる

クレジットカードの賢い使い方は一括払い

計画通りにお金を使っていたつもりが、給料日前に金欠に……。そんなときには、クレジットカードを賢く使いましょう。

KEY WORD　　一括払い

給料日を目前に控え、預金残高を確かめると残金がゼロ。そんなとき、役に立つのがクレジットカードです。**クレジットカードは契約によってお金が借りられるキャッシング機能がありますが、金利が高いのでおすすめできません。** また、分割払いやリボ払いは手数料が高いので、こちらも要注意。クレジットカードを賢く利用するには、手数料のかからない**一括払い**が基本です。

クレジットカードの支払いの種類

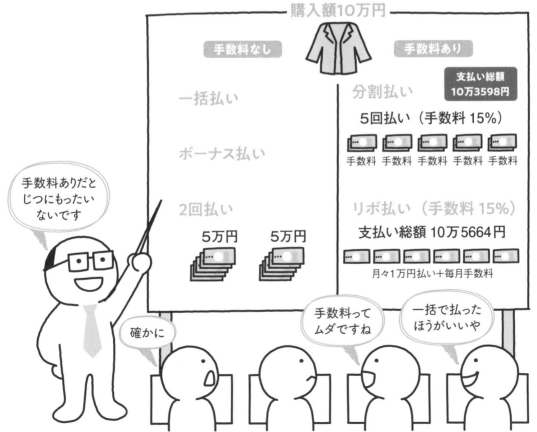

カードの一括払いは、手数料がかからない上にポイントも貯まります。そのしくみですが、例えば洋服屋さんで1万円の服をカードで一括払いをしたとします。**その1万円はカード会社が立て替えるのですが、提携したお店には9500円～9700円程度しか入りません。カード会社がお店から手数料をもらっているのです。**そして、その一部がポイントとしてカード保有者に還元されるのです。

クレジットカード会社の儲けのしくみ

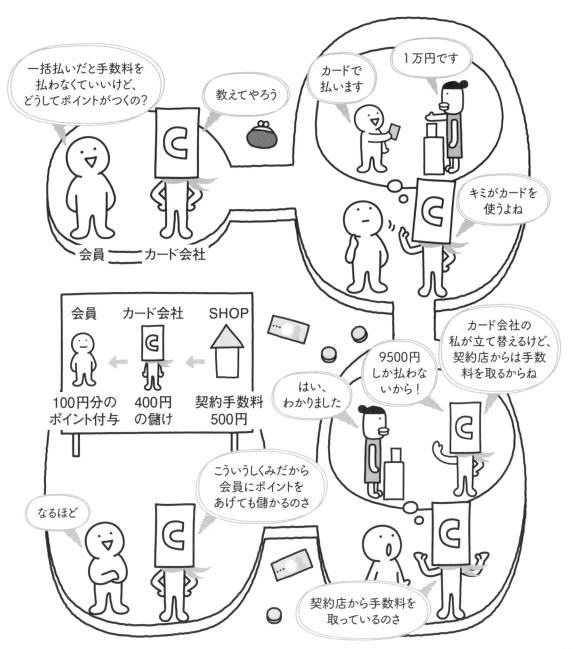

結婚にはどれくらいの費用がかかる？

結婚は人生の一大イベント。結婚式や新婚旅行、その後の生活など、莫大な費用がかかります。

KEY WORD 結婚資金

ある程度の年齢を重ねたら結婚して家庭を築く。昨今では、結婚という選択をしない人も増えていますが、その理由に「お金がかかる」という意見があります。実際、**結納・婚約から新婚旅行までにかかる結婚資金は、全国平均で415.7万円という調査結果が出ています**。また、新生活をはじめるにあたって、家電や家具を買い揃えたり、新しい住まいを探したりと、さらなる諸経費が加わります。

結婚には莫大なお金が必要

結納式 20.6万円
挙式費用 327.1万円
結婚指輪 28.1万円
婚約指輪 38.2万円
新婚旅行 43.4万円
両親顔合わせ 6.7万円
新婚旅行お土産代 5.9万円

ご結婚、おめでとうございます

おめでとー

ワー

ワー

ブーケ、投げて〜

　出典：「ゼクシィ 結婚トレンド調査 2023」（リクルート ブライダル総研）

結婚後は、それまで個別に行われていた収支が世帯として1つになります。共働きであれば、住居費や光熱費、食費など、これらは1つにまとまるため家計の負担が軽減しますが、どちらか一方が働かない場合は、負担が重くのしかかります。**現在の収入がどれだけあって、また誰が家計を管理するのか、結婚前にお財布事情をオープンにして、2人で話し合うことが大切です。**

新生活にもお金がかかります

インテリア・家具
20 〜 40万円

家賃・敷金・礼金
40 〜 60万円

引っ越し代
3 〜 10万円

引越社

新生活の準備費用は平均総額で100万円超え

新たに購入するとかなりの負担になる新生活の準備費用。中古品を購入したり、独身時代のものを使ったりすると節約になる。

出典：「家計調査2022」（総務省統計局）

出産にはどれくらいの費用がかかる？

お金がかかりそうなイメージのある出産。公的な支援がいろいろあるので、制度のしくみを理解しておくとお得です。

KEY WORD　出産費用

家計のスタイルが変わるタイミングとして、出産というライフイベントも見過ごせません。女性のお腹が大きくなると働けなくなるので、家計を見直す必要があります。ただ、出産にはいろいろな公的支援があるので、意外とお金はかからないものです。**分娩入院費は「出産育児一時金」、女性が会社員であれば、「出産手当金」や「育児休業給付金」など、優遇制度がたくさんあります。**

出産・子育てでもらえるお金や制度

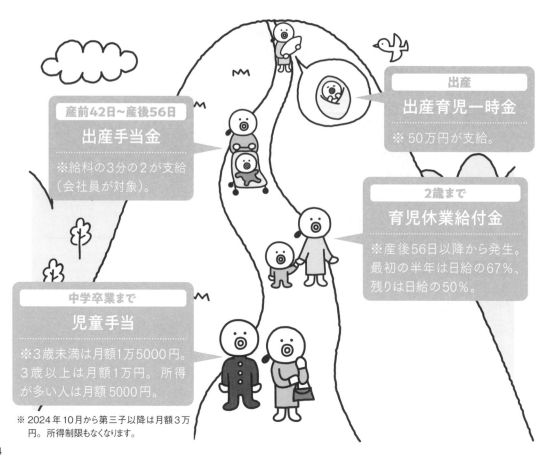

産前42日〜産後56日
出産手当金
※給料の3分の2が支給（会社員が対象）。

出産
出産育児一時金
※50万円が支給。

2歳まで
育児休業給付金
※産後56日以降から発生。最初の半年は日給の67％、残りは日給の50％。

中学卒業まで
児童手当
※3歳未満は月額1万5000円。3歳以上は月額1万円。所得が多い人は月額5000円。
※2024年10月から第三子以降は月額3万円。所得制限もなくなります。

出産費用の具体的な金額ですが、正常分娩だと分娩費や入院費を含めて約50万円。ただ、**出産育児一時金として50万円が支払われるので、実質の負担額は数万円です**。出産育児一時金は、会社員なら加入している健康保険組合、専業主婦なら夫の健康保険組合、国民健康保険に加入していれば各自治体から支払われます。受け取りには申請が必須となるのでご注意を。

出産にまつわるお金のしくみ

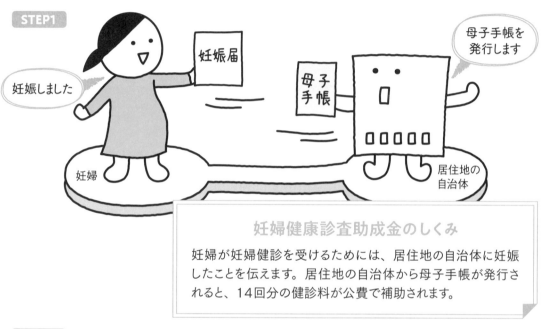

STEP1

妊娠しました

妊娠届

母子手帳を発行します

母子手帳

妊婦

居住地の自治体

妊婦健康診査助成金のしくみ

妊婦が妊婦健診を受けるためには、居住地の自治体に妊娠したことを伝えます。居住地の自治体から母子手帳が発行されると、14回分の健診料が公費で補助されます。

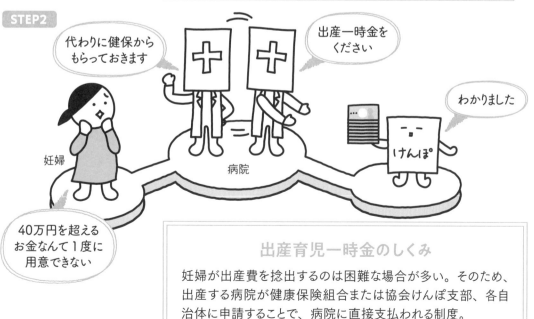

STEP2

代わりに健保からもらっておきます

出産一時金をください

わかりました

妊婦

病院

けんぽ

40万円を超えるお金なんて1度に用意できない

出産育児一時金のしくみ

妊婦が出産費を捻出するのは困難な場合が多い。そのため、出産する病院が健康保険組合または協会けんぽ支部、各自治体に申請することで、病院に直接支払われる制度。

教育にはどれくらいの費用がかかる？

子どもを大人へと成長させるためには、当然お金がかかります。
お金がかかる時期や貯める時期などを把握しましょう。

KEY WORD　教育費用

子どもが大学卒業までにかかる**教育費用**は、私立か公立かによって変わりますが、**1人あたり2000万円とも3000万円ともいわれています**。仮に2000万円とすると、大学卒業までの間に、月額で約7万5000円の出費になります。子育て世代には、児童手当や高等学校等就学支援金といった国からの助成金がありますが、それを差し引いても月額で6万8000円ほどかかる計算になります。

幼稚園から大学初年度までにかかるお金

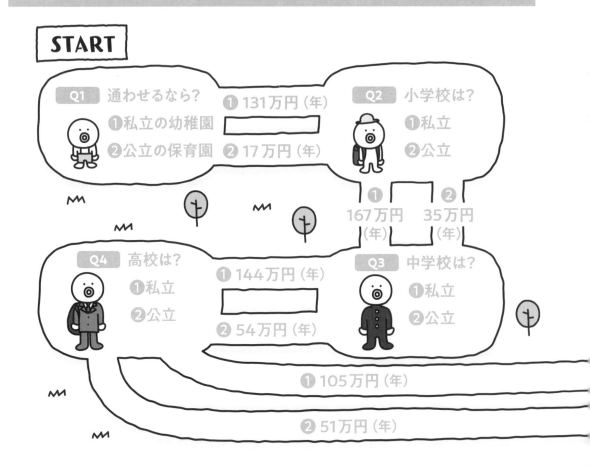

子どもを育てる上でお金がかかるのは、私立高校や専門学校、私立大学の入学金や授業料です。**教育費の貯めどきは、塾代や部活動の費用が少ない小学生のときです。**ただ、私立中学へ通わせるとなると話は別。小学校の高学年から塾に通わせる必要があり、私立中学に合格したら入学金や授業料もかかります。私立中学へ通わせる場合は、小学校の低学年から中学年が貯めどきとなります。

ONE POINT

私立大学でも文系か理系かによってかかるお金は変わってくる。また、医療系の学部だと国立大学の3倍以上のお金が必要になります。

※文部科学省のデータをもとに独自に算出。

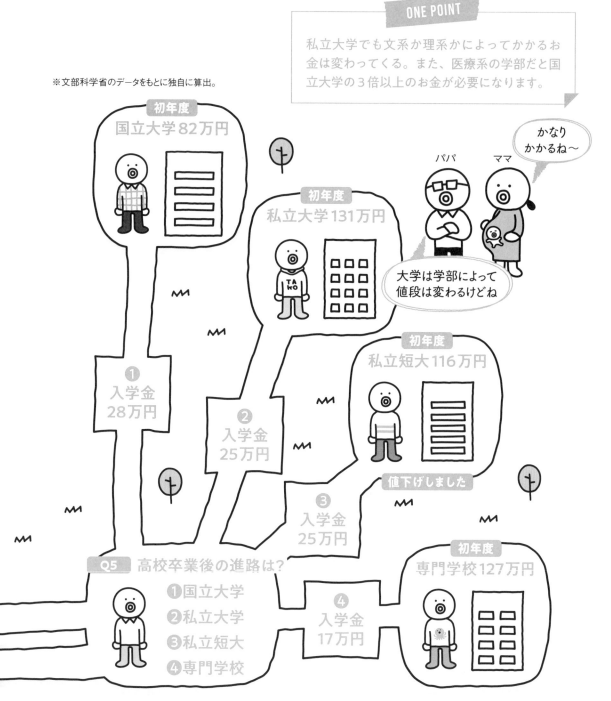

賃貸と持ち家、費用はどれくらいかかる？

一般的に住宅の購入は「人生最大の買い物」といわれています。選び方や予算など、じっくり時間をかけて検討しましょう。

KEY WORD　住宅購入

住宅を購入する前に、住宅を借りるという選択肢があります。持ち家には税金などの維持費がかかり、賃貸住宅には入居時の敷金・礼金、更新料がかかります。地域にもよりますが、**買うか借りるかを同じような間取りの住宅で試算すると、費用の差はほとんどありません**。ただ、賃貸の場合は子育てを終えるなどして家族構成が変わった際に、小さな家に住み替えられるという利点があります。

購入か？賃貸か？長いスパンで比較する

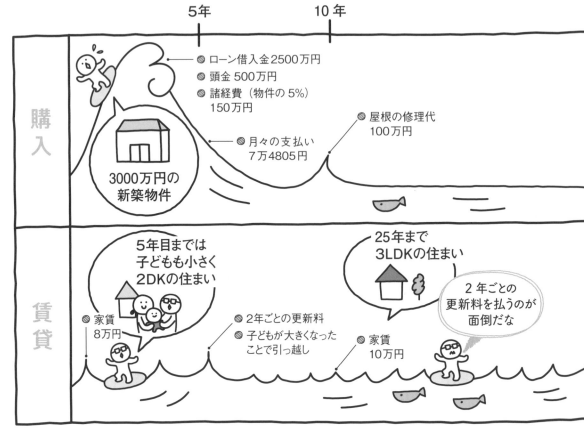

住宅購入は、住みたい場所と予算が決め手です。その際、予算に見合う物件は中古しかないという場合があります。**中古物件は新築よりも比較的安く購入することができますが、設備が古いためメンテナンス費用がかさみ、新築を買ったほうが得だったというケースがあります**。また、売却することを考えているのであれば、戸建てよりもマンションのほうが有利とされています。

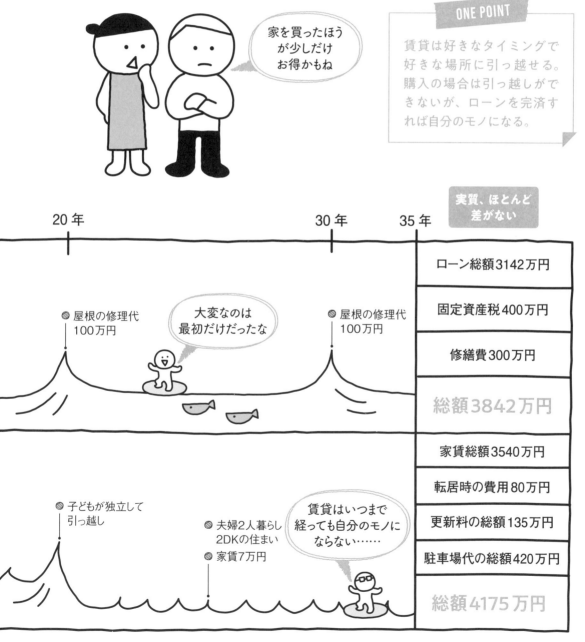

ONE POINT

賃貸は好きなタイミングで好きな場所に引っ越せる。購入の場合は引っ越しができないが、ローンを完済すれば自分のモノになる。

家を買ったほうが少しだけお得かもね

実質、ほとんど差がない

20年　　30年　35年

大変なのは最初だけだったな

屋根の修理代 100万円　　屋根の修理代 100万円

| ローン総額3142万円 |
| 固定資産税400万円 |
| 修繕費300万円 |
| 総額3842万円 |

子どもが独立して引っ越し

夫婦2人暮らし 2DKの住まい
家賃7万円

賃貸はいつまで経っても自分のモノにならない……

| 家賃総額3540万円 |
| 転居時の費用80万円 |
| 更新料の総額135万円 |
| 駐車場代の総額420万円 |
| 総額4175万円 |

車にはどれくらいの費用がかかる？

自動車は便利な半面、とてもお金がかかります。車体価格だけでなく、購入後の維持費についても考えましょう。

KEY WORD 自動車費用

車は購入時に自動車取得税と消費税、新規登録時と車検時には自動車重量税、そして年に1回「自動車税」を払わなければなりません。また、自賠責保険に任意保険、ガソリン代に駐車場代と、相当なコストがかかります。さらに、自動車には故障や事故などさまざまなリスクがあります。**「自動車費用をかけたくない」という人は、カーシェアや格安レンタカーを検討してみましょう。**

料金別に比較する自動車費用

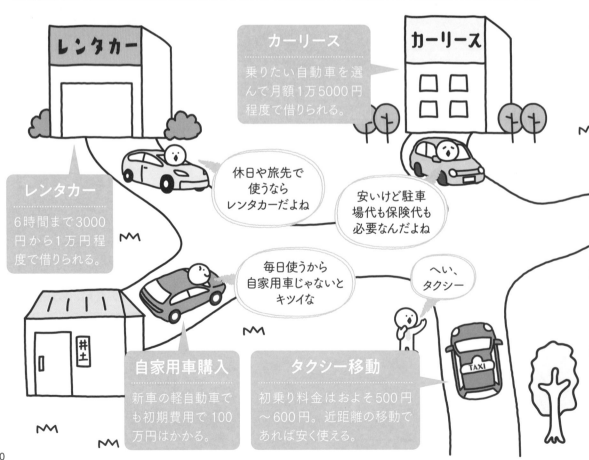

自動車を買う際、中古と新車のどちらを選ぶかは悩みどころですが、**新車の場合は売却時の値段が高いというメリットがあります**。300万円で新車を購入して、5年後に150万円で売れたとしたら実質的な費用は150万円です。一方、中古車を150万円で購入して、5年後に売ろうとしたら値段がつかず、逆に廃車費用を取られるということもあります。売却時のことも考えて購入しましょう。

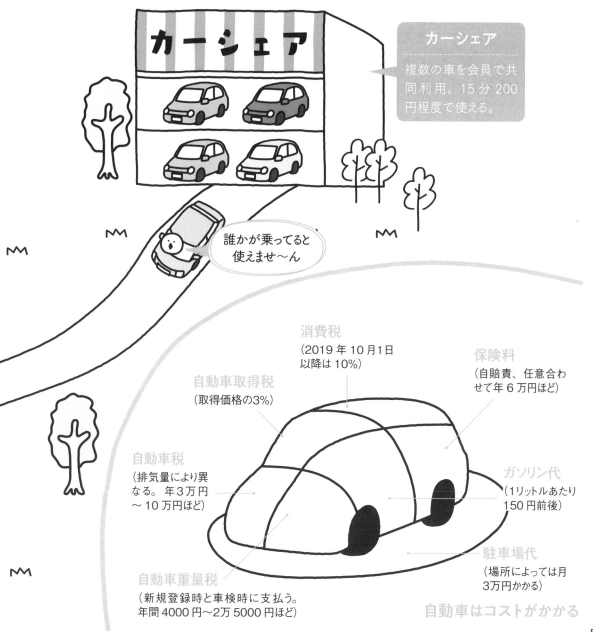

カーシェア

複数の車を会員で共同利用。15分200円程度で使える。

誰かが乗ってると使えませ〜ん

消費税
（2019年10月1日以降は10%）

保険料
（自賠責、任意合わせて年6万円ほど）

自動車取得税
（取得価格の3%）

自動車税
（排気量により異なる。年3万円〜10万円ほど）

ガソリン代
（1リットルあたり150円前後）

駐車場代
（場所によっては月3万円かかる）

自動車重量税
（新規登録時と車検時に支払う。年間4000円〜2万5000円ほど）

自動車はコストがかかる

たくさん働けば
お金がもらえるは間違い

　人間であれば誰しも、「お金が欲しい」「おいしいものを食べたい」などの欲求があると思います。

　では、そのためにはどうすればいいのでしょうか？　夜遅くまで働き、土日も惜しまず出勤して、額に汗かき働けば給料を多くもらえるのでしょうか？

　残念ながら、懸命に働けばたくさんお金を稼げるというのは幻想にすぎません。なぜなら、働く行為自体に価値はなく、価値があるのは「働いた結果」だからです。

　例えば、休日返上で働いているのに契約が取れない営業マンと、毎日サボっているにもかかわらず契約を多く取ってくる営業マンがいたとします。この2人を比べると、たくさんお金を得られるのは圧倒的に後者です。2人の違いは、会社の作ったモノやサービスを、どれだけ多くのお金と交換する契約をしてきたのかということだけです。労働時間は無関係です（※努力は必要）。

　それが労働対価の本質であり、すべての経済活動は例外なくこの法則に従っています。

CHAPTER 03

守るために必要な
お金の知識

ケガや病気など、人生には予想もしていなかったことが
起こるものです。そこで、いざというときに備えるべきお金や、
そのしくみについて学んでおきましょう。

そもそも社会保険って何？

私たちが健康な暮らしをしていくために、国はさまざまなセーフティネットを講じています。どんなモノがあるか見てみましょう。

いつまでも元気よく暮らしたいものですが、病気やケガなどで働けなくなる場合があります。また、平均寿命が延びていることは喜ばしいことではありますが、生活費を稼ぐために高齢になっても働くというのは大変です。そういった困難な場面に備えるために**社会保険**があります。ちなみに、**社会保険は日本に住んでいる人は原則として加入しなければいけない制度となっています。**

日本に住んでいる人は必ず加入

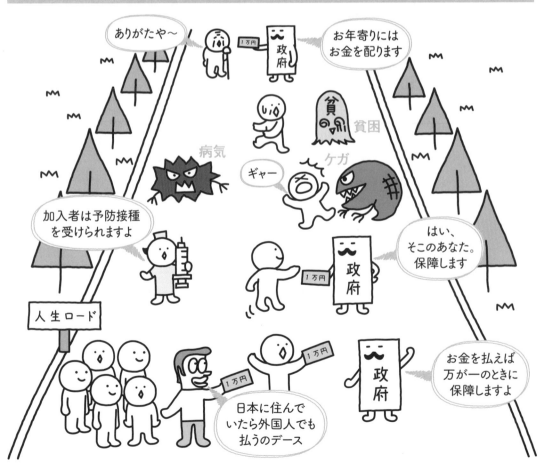

日本において社会保険と呼ばれるものには５種類あります。保険証を病院に提出すると受診料が安くなる医療保険（健康保険）。高齢になったときなどにお金がもらえる年金保険。失業したときや、ケガや病気をしたときにお金が出る労働保険(雇用保険＋労災保険)。そして、40歳以上の人が加入する介護保険です。ただ、**社会保険だけですべてがまかなえるわけではありません**。

社会保険はどんなときに役に立つ？

医療保険のしくみを知っておく

1年に1度程度はお世話になる医療機関。その際、受診料を支払っていると思いますが、しくみはどのようになっているのでしょうか?

KEY WORD 医療保険

前項の社会保険に含まれるものに**医療保険**があると説明しました。日本に住むすべての人は、何らかの医療保険に加入していて、それぞれ保険証を持っています。この**保険証のいいところは、医療機関に提出すると原則3割負担で済むことです。**残りの7割は保険から支払われるしくみになっているので、私たちは風邪を引いたときや歯が痛くなったときに、気軽に病院に行けるというわけです。

立場によって異なる医療保険の種類

会社員、公務員は
健康保険に加入

○× 会社

市役所

負担額は
3割です

個人事業主は
国民健康保険に加入

75歳以上の人は
後期高齢者医療
制度に加入

八百屋

私も3割
負担です

1割負担
です

ONE POINT

75歳以上でも保険料を納める必要がある。納める金額は収入によって異なるが、多くは月々1万円程度。

基本的に３割負担の医療保険ですが、未就学児は自己負担が２割です。ただし、自治体によっては無料になるケースもあります。また、**高齢の場合は医療費が増える人が多いため、別立ての後期高齢者医療制度に加入しなければなりません。**この制度に加入すると自己負担額は原則１割で済みます。医療保険は入院時にも適用されますが、食事代や雑費は別なので注意が必要です。

入院１日あたりの自己負担額の平均は？

入院は1日平均1万1922円！

食費1食あたり 460円

もぐもぐ

ヒマだなぁ

パジャマ代、スリッパ代

テレビでも観るか

テレビカード 16時間でおよそ1000円

グーグー

お見舞いに来たよー

寝てる……

家族の交通費 差し入れ代

ONE POINT

1人部屋〜4人部屋は健康保険の適用範囲外。そのため「差額ベッド代」という室料が発生する。

4人部屋の場合の差額ベッド代は、1日およそ2407円

医療負担費1日あたり約5300円

※病種など条件により異なります。

自分の面倒は
保険が見てくれる

将来、自分が年老いたときになるべく家族には迷惑をかけたくないものです。
そこで、介護保険のしくみを知っておきましょう。

KEY WORD 介護保険

ひと昔前まで、老後の親の面倒を子どもが見るというのが当たり前でした。しかし、
国民全体が高齢化し、核家族化や晩婚化で親族による介護が困難な人が増えたこ
とから、公的な**介護保険**制度が 2000 年に開始されました。家族に代わり国が面倒
を見るという方針に変わったのです。**介護保険料の支払いは 40 歳からはじまり、
原則 65 歳から介護サービスを受けることができます。**

介護保険の適用には認定が必要

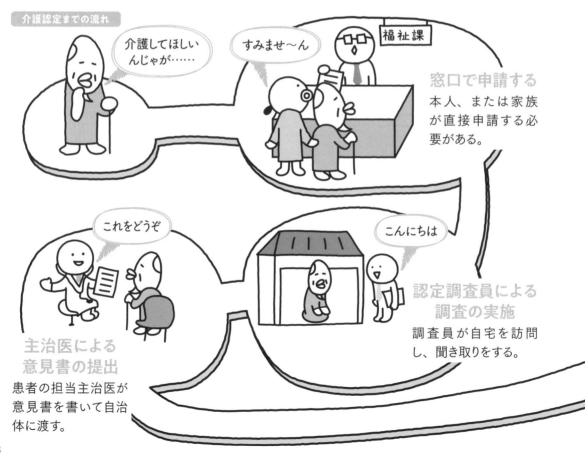

介護認定までの流れ

介護してほしいんじゃが……

すみませ〜ん

福祉課

窓口で申請する
本人、または家族が直接申請する必要がある。

これをどうぞ

こんにちは

認定調査員による調査の実施
調査員が自宅を訪問し、聞き取りをする。

主治医による意見書の提出
患者の担当主治医が意見書を書いて自治体に渡す。

ちなみに、保険料の支払いは会社員と個人事業主で異なります。会社員は健康保険料と合わせて給与から天引きされ、個人事業主は国民健康保険料と一緒に支払います。負担額は自治体によって違いますが、全国平均で5300円～5500円ほどです。ただ、**サービスを受けるには市町村に申請し長期間を要する認定が必要な上、介護士の人手不足など、その制度はまだ万全ではありません。**

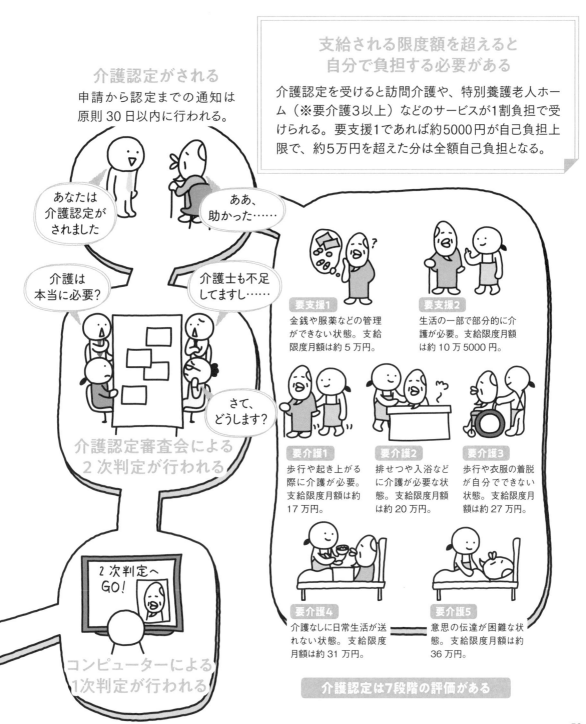

支給される限度額を超えると自分で負担する必要がある

介護認定を受けると訪問介護や、特別養護老人ホーム（※要介護3以上）などのサービスが1割負担で受けられる。要支援1であれば約5000円が自己負担上限で、約5万円を超えた分は全額自己負担となる。

介護認定がされる
申請から認定までの通知は原則30日以内に行われる。

あなたは介護認定がされました

ああ、助かった……

介護は本当に必要？

介護士も不足してますし……

さて、どうします？

介護認定審査会による2次判定が行われる

2次判定へ GO!

コンピューターによる1次判定が行われる

要支援1
金銭や服薬などの管理ができない状態。支給限度月額は約5万円。

要支援2
生活の一部で部分的に介護が必要。支給限度月額は約10万5000円。

要介護1
歩行や起き上がる際に介護が必要。支給限度月額は約17万円。

要介護2
排せつや入浴などに介護が必要な状態。支給限度月額は約20万円。

要介護3
歩行や衣服の着脱が自分でできない状態。支給限度月額は約27万円。

要介護4
介護なしに日常生活が送れない状態。支給限度月額は約31万円。

要介護5
意思の伝達が困難な状態。支給限度月額は約36万円。

介護認定は7段階の評価がある

家には必ず
保険をかけておこう

火災や地震などの災害に見舞われると、精神的にも金銭的にも大ダメージ。
保険に加入しておけば金銭面は安心できそうです。

KEY WORD 火災保険、地震保険

35年のローンを組んで、やっとの思いで建てた念願のマイホーム。そんな人生最大の宝物を火災や地震で失くしたくはありませんよね。そこで、火災や地震に遭っても補償してくれる**火災保険**と**地震保険**には加入しておくのが得策です。ちなみに、**火災保険は火災だけでなく、落雷や風災、雪災などの災害も補償。また、建物だけでなく家財道具も対象になります。**

火災保険は全方位に家を守る

ONE POINT

被害が人為的なもので責任の所在が明らかな場合は、火災保険の適用ではなく、相手先への損害賠償請求となる。

火災保険には契約時と同じ価値が補償される「再調達価額」と、契約時の価格から年数経過による消耗分を差し引いた額が補償される「時価額」があります。時価額では建て直し費用が足りなくなるので、再調達価額で契約しましょう。ちなみに、**火災保険は保険料控除の対象になりませんが、地震保険には「地震保険料控除」というお得な制度があります。**

保険金額は契約内容で異なる

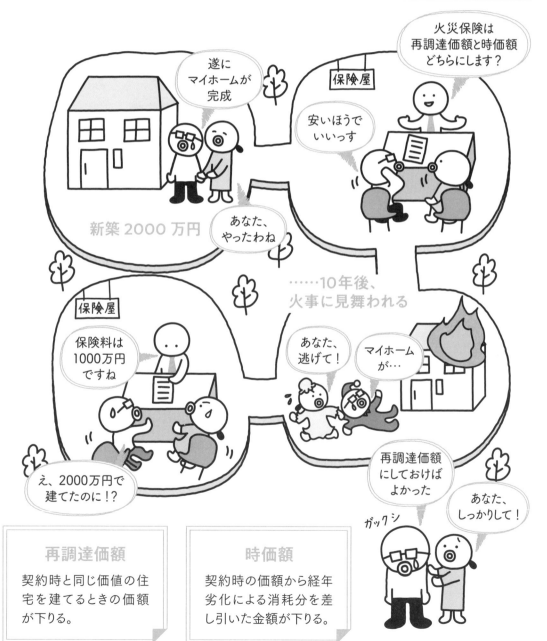

再調達価額	時価額
契約時と同じ価値の住宅を建てるときの価額が下りる。	契約時の価額から経年劣化による消耗分を差し引いた金額が下りる。

05

車には任意保険を必ずかけておこう

保険は被害者だけでなく、加害者になってしまった場合にも役立ちます。車の保険はまさにそんな人のために存在する保険です。

自賠責保険、任意保険

車の保険には、法律で加入を義務づけられた**自賠責保険**と、自分の意思で加入する**任意保険**があります。自賠責保険は、相手にケガをさせた場合は最高120万円、相手を死亡させた場合は、最高3000万円を補償。大きな数字に思われますが、人身事故はときおり高額な賠償を要求されることがあります。ちなみに、**最も高額だった賠償額の判例に、5億843万円というものがあります。**

自賠責と任意ではこんなにも差がある

ひとたび交通事故を起こせば、治療費や慰謝料など、相手方に対する補償は多岐に及び、金額も莫大です。**任意保険であれば、補償はすべて無制限にすることが可能なので必ず加入しておきましょう。** ちなみに、事故は起こすだけでなく、起こされる場合もあります。このような場合、相手方の保険会社と交渉するのは自分自身になるので、弁護士特約をつけておくと便利です。

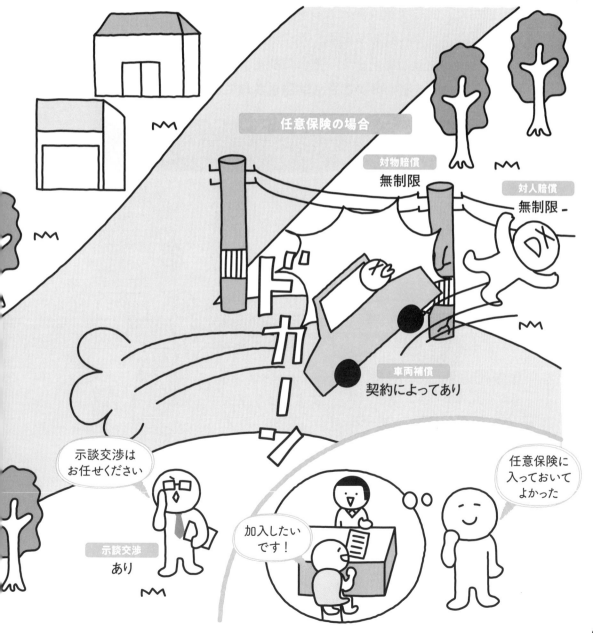

知っておきたい
年金のこと

「老い」というのは誰にでも分け隔てなく公平に訪れます。そこで老後の年金について、今から考えておきましょう。

KEY WORD　　年金

「今後、**年金**の受給額が減るのでは？」という不穏な話を聞いたことがあるかと思います。その理由は、現役世代が納めた保険料を現在の受給者にスライドする形で支払っているというしくみにあります。人口が増えていれば問題ありませんが、現在の日本は少子化が加速しています。それに加え、**「どうせ年金はもらえないから……」**と未納している若者が多いことも問題視されています。

年金が破綻するといわれる理由

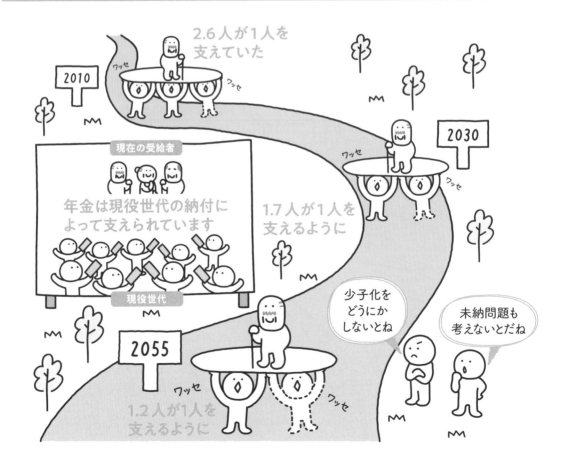

とはいえ、政府は年金の一部を金融市場に投資して運用したり、年金受給年齢を引き上げたり、受給額が減らないような試算や努力を怠ってはいません。また、**政府は厚生年金や国民年金の加入者に、「ねんきん定期便」というお知らせを誕生日月に郵送しています。** このお知らせは将来の年金額がわかる重要な書類なので、必ずチェックをしておきましょう。

ねんきん定期便とは？

❶加入期間
いつから払って、どのくらいの期間を払っているかを確認

❷保険料の納付額
累計額が記載されているので、加入期間月数で割って合っているかをチェック

❸受取年金額
これまで支払ってきた保険料額による受取金額が記載。今後も払えば、受取金額は増えていく

❹最近の月別状況
毎月の支払い金額に間違いないかチェック。最近のことなので感覚的に年金を把握できる

ONE POINT

年1回、誕生日月に送られてくるねんきん定期便。4つのポイントをチェックすれば、間違いがないか確認できる。

老後資金の増やし方を知る

年金制度は、「2階建て」「3階建て」などと家に例えられることをご存知ですか？　今どきの年金のしくみを見てみましょう。

KEY WORD iDeCo

老後の暮らしを支える国民年金（基礎年金）は、家の1階部分に例えられ、2階部分は会社員、公務員の年金制度である厚生年金、個人事業主の付加年金または国民年金基金に例えられます。3階部分は、公務員独自の「年金払い退職給付」、会社独自で行っている企業に限り「企業年金」のほか、**どの職業にも共通するiDeCo（個人型確定拠出年金）**というものがあります。

年金は上乗せすることができる

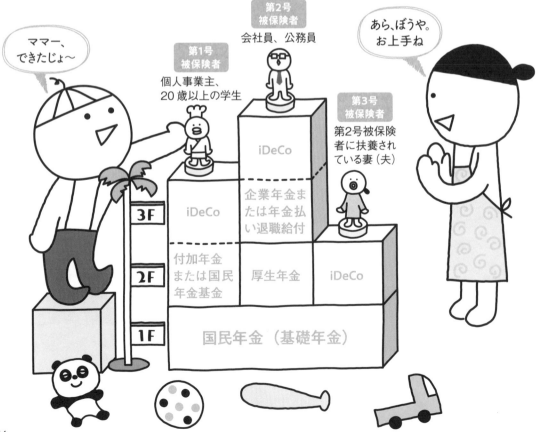

ちなみに、iDeCo は確定拠出年金という制度を採用しているため、年金を自分で運用することになります。それゆえに、**将来に受け取れる年金の額は運用の結果次第です**。加入期間は最低 10 年間で、受け取りは 60 歳以降になります。また、最低掛金は月々 5000 円からで途中解約は原則的にできません。掛金の全額は控除の対象になるので、老後資金の資金作りと節税のためにも、実践してみてもいいでしょう。

iDeCo のしくみ

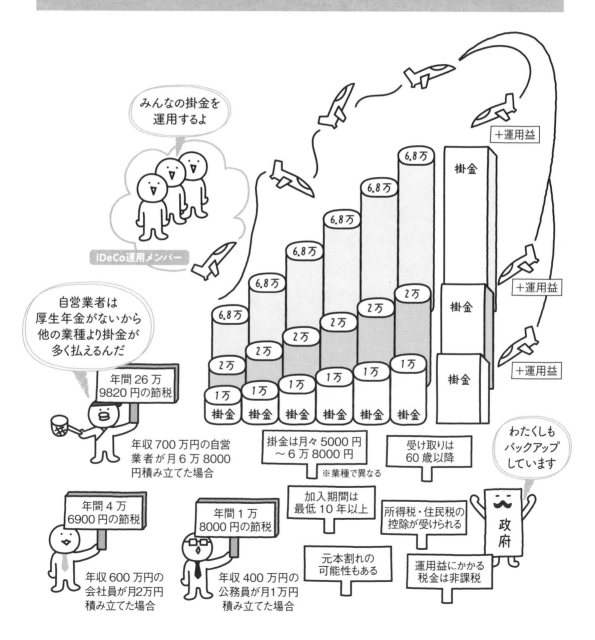

意外と知られていない
税金の話

　自国を豊かにするためには、税金を払う必要がありますが、国によっては「え?」と思うような一風変わった税金があります。

　例えば、我が国にある「入湯税」。これは温泉に入る際に入湯客に課される税金で、日本人であろうが外国人であろうが関係なく徴収されます。そのため、この税になじみのない外国人に驚かれるということが、温泉街では日常茶飯事なんだそう。

　また、ドイツでは犬を飼うと「犬税」を支払う必要があります。元々、ドイツで犬を飼っている人は富裕層だけで、一般庶民は飼っていませんでした。そのため富裕税として設けられていましたが、その名残が現在でも続いているということです。

　さらに、イギリスのロンドンにおいては「渋滞税」というものがあります。毎日、ひどい渋滞に悩まされていたロンドンですが、この渋滞税を取り入れたことで渋滞が30%ほど解消したそうです。

CHAPTER 04

增やすために必要な
お金の知識

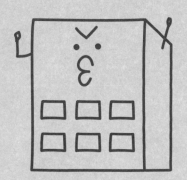

お金というのは使ったり貯めたりするだけではなく、
投資によって増やすこともできます。
本CHAPTERでは、投資に必要なお金の知識やしくみを紹介します。

金融ってどういうこと？

学校教育の過程において、お金について学んだ経験のある人は少ないかもしれません。まずは、「金融」について解説します。

KEY WORD 　直接金融、間接金融

金融は「金銭の融通」の略語であり、資金が余っている人から不足している人に融通することを意味します。また、**金融を大きく分けると「直接金融」と「間接金融」の2種類があります**。一般的になじみがあるのは間接金融で、代表的な例が「銀行預金」です。銀行は預金者から集めたお金を企業に融通することで儲けています。

直接金融と間接金融

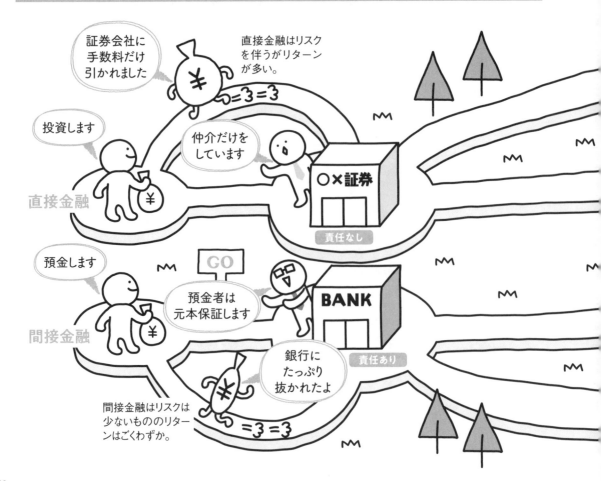

つまり、預金者と企業の間に銀行が介在するので間接金融というわけです。直接金融は銀行を通さずに企業に融通することで、いわゆる「投資」が当てはまります。**投資は証券会社が介在するので直接ではないと思うかもしれませんが、仲介だけで投資の責任までは背負いません**。銀行預金の場合、預けたお金は元本が保証されるので、責任の所在が間接か直接かという考えかたもあります。

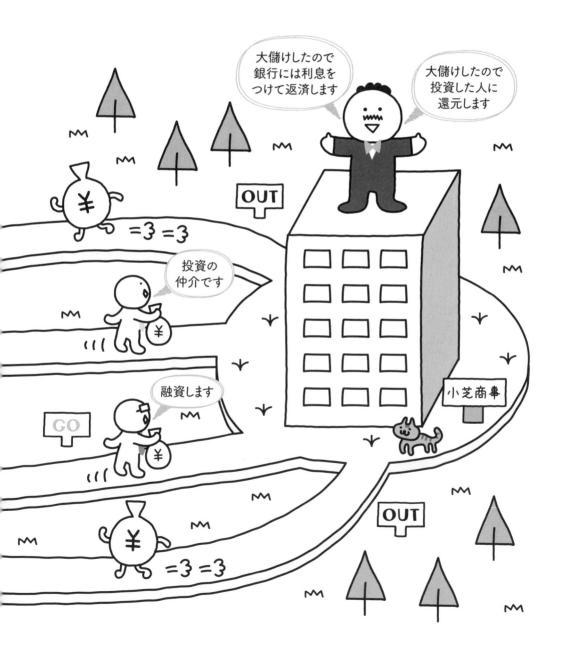

証券会社って何をしているところ？

実際にあなたが株式を売ったり買ったりする場合、窓口となるのが証券会社です。そんな証券会社の役割について解説します。

KEY WORD 証券会社

証券会社は、主に証券取引所と投資家の間を取り持って手数料をもらい、株式の取引を成立させる「ブローカー業務」をしています。 その一方で、証券会社も自分たちで株式取引に参加してお金を増やしているのです。これを「ディーラー業務」といいます。**ディーラー業務では、一般株主との衝突を避けるため証券会社は保有できる証券の限度額を決めています。**

主な証券会社の業務

ブローカー業務

買い注文と売り注文を受け、証券取引所に伝える業務。

証券取引所

承知しました

A社の株を
1000株
お願いします

投資家

ディーラー業務

ディーラー業務は証券会社が自分のお金で一般の投資家と同じように株などの有価証券を売買する。

やった！
自分の資金で
買った株価が
上昇だ

えっほ
えっほ

株

株

株

また、**証券会社は新規の株式や債券など有価証券を買い取り販売する「アンダーライティング業務」も行っています**。有価証券とは手形、小切手、商品券、株券など、その所持者の財産権を証明する証書です。そのほか同じような業務に「セリング業務」があります。**セリング業務は企業から頼まれて株などを一般投資家に販売するものです。**

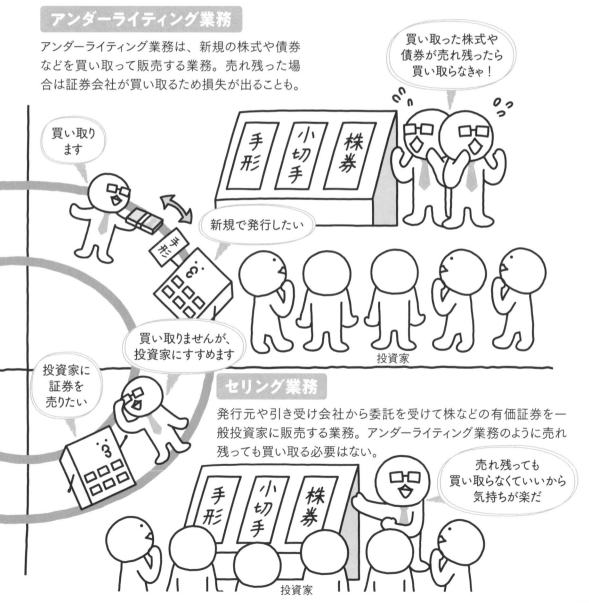

アンダーライティング業務

アンダーライティング業務は、新規の株式や債券などを買い取って販売する業務。売れ残った場合は証券会社が買い取るため損失が出ることも。

買い取った株式や債券が売れ残ったら買い取らなきゃ！

買い取ります

新規で発行したい

買い取りませんが、投資家にすすめます

投資家

投資家に証券を売りたい

セリング業務

発行元や引き受け会社から委託を受けて株などの有価証券を一般投資家に販売する業務。アンダーライティング業務のように売れ残っても買い取る必要はない。

売れ残っても買い取らなくていいから気持ちが楽だ

投資家

銀行って何をしているところ?

お金を預金したり引き出したり、頻繁に利用している銀行。じつはそれ以外にも、銀行はさまざまな機能を持っています。

KEY WORD 銀行の3大機能

間接金融の代表的な担い手である銀行。企業にお金を融資することは、銀行の重要な役割の1つです。これを「金融仲介機能」といって、**銀行の3大機能**の1つに数えられます。また、2つ目の機能に挙げられるのが「信用創造機能」です。これは銀行がお金の貸し出しを繰り返すことによって、銀行全体として、**最初に受け入れた預金額の何倍もの預金通貨を作り出す**ことをいいます。

銀行には3つの機能がある

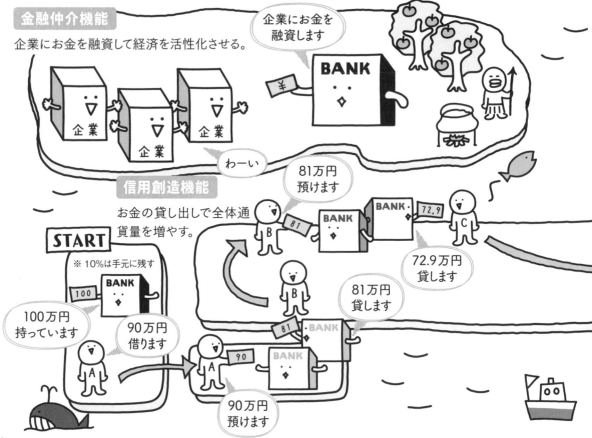

金融仲介機能
企業にお金を融資して経済を活性化させる。

企業にお金を融資します

信用創造機能
お金の貸し出しで全体通貨量を増やす。

わーい

81万円預けます

72.9万円貸します

START

※ 10%は手元に残す

100万円持っています

90万円借ります

81万円貸します

100

90

81

72.9

90万円預けます

そして、銀行の機能の3つ目は「決済機能」です。銀行に預金があれば、現金を使わずに口座振替で送金や公共料金の支払いができますが、まさしくそれが決済機能です。**銀行はこのような3つの機能を持っているだけでなく、それらを安全に行うことが求められています。** もし、銀行に不信感があると誰もお金を預けなくなり、日本の経済は上手く回りません。

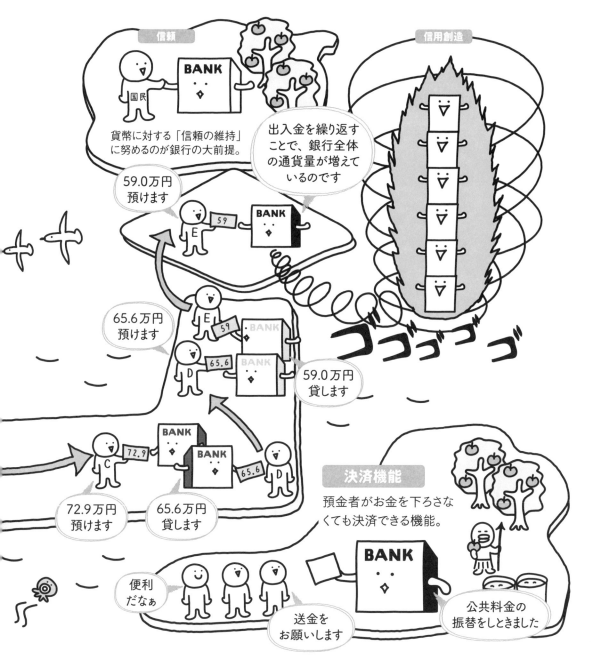

日本銀行って
どんな銀行？

ニュースではよく見聞きする日本銀行。私たちの生活においては、あまり馴染みがなくピンときません。一体、どんな銀行でしょうか？

銀行には総本山というべき国の中央銀行があり、その名前をわが国では「**日本銀行**」といいます。この銀行では貨幣を発行・管理して、日本全体の通貨流通量を調節しています。また、「銀行の銀行」とも呼ばれ、日本銀行には必ず各市中銀行の当座預金があり、ある銀行から他の銀行への決済業務を行っています。**日本経済の発展・安定に欠かせない銀行ですが、政府の機関ではありません。**

日本銀行が行う3つの役割

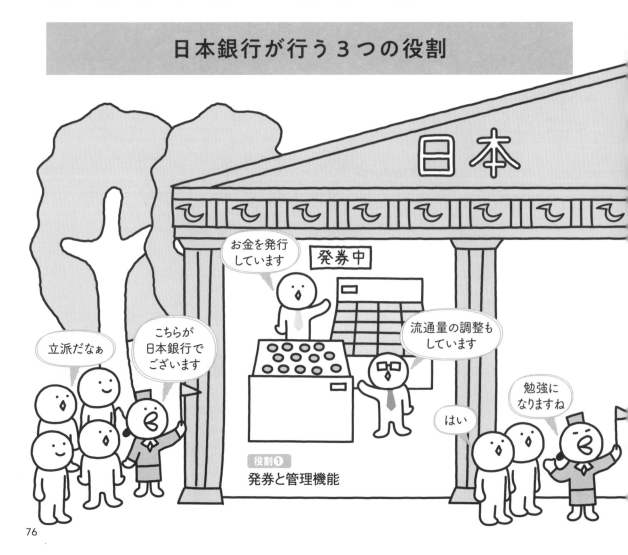

むしろ、**政府も日本銀行を利用しています。政府は日本銀行に口座を持っていて、私たちから集めた税収は日本銀行に集められます。**また、国に代わって事務処理を行っていて「政府の銀行」とも呼ばれています。一般的な銀行は個人がお金を預けたり借りたりしますが、日本銀行にはそのような窓口はありません。直接利用できませんが、私たちの生活に多大な影響力を持っています。

景気とは一体どういうことか？

多かれ少なかれ誰もが持ってるお金。大きな視点でお金というモノを捉えると、
まるで生きもののように動いたり止まったりしています。

KEY WORD　景気

近年は「好景気」といわれますが、この「**景気**」とは一体なんでしょう？　**シンプルないいかたをすると、景気とはお金の流れのことを指します。**景気がいい、すなわちお金の流れがいいと給料がどんどん上がって買い物をたくさんします。すると、国にも税金がたくさん入るので国全体が潤います。逆に景気が悪いと、モノが売れなくなったり給料が下がったりして、国全体の経済が冷え込みます。

景気のよし悪しは国の経済に影響する

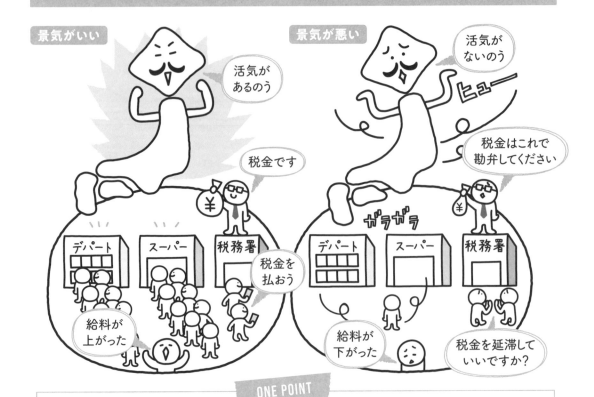

ONE POINT

日本語の「景気」は実体経済の動向だけでなく、社会的心理も含まれている。また、英語などの他言語に合致する言葉は存在せず、日本独自のものとされている。

ただ、**景気がいいのが正しいかというとそうでもありません**。昭和から平成にかけて日本はバブル景気といわれ、景気がよすぎる状況でした。そのときに何が起こったかというと、多くの人々が余剰分のお金で土地を買い漁り、地価が異常なまでに高騰してしまったのです。そのため当時のサラリーマン家庭は、土地の価格が高すぎて家が持てないという状況が生まれてしまいました。

景気がよすぎるのも困りもの

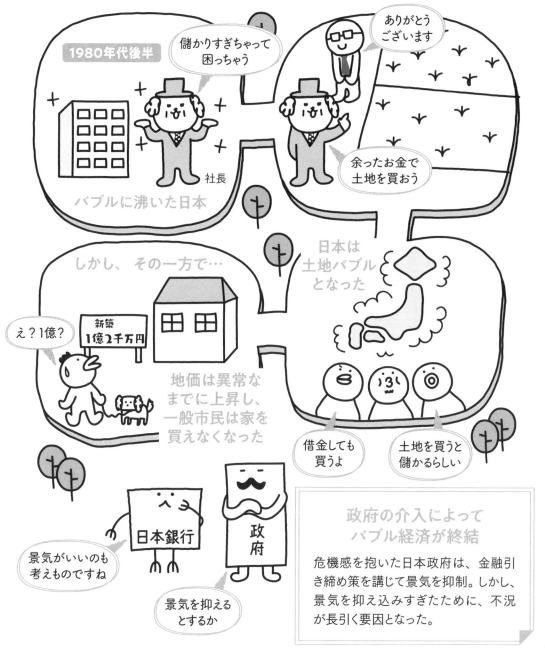

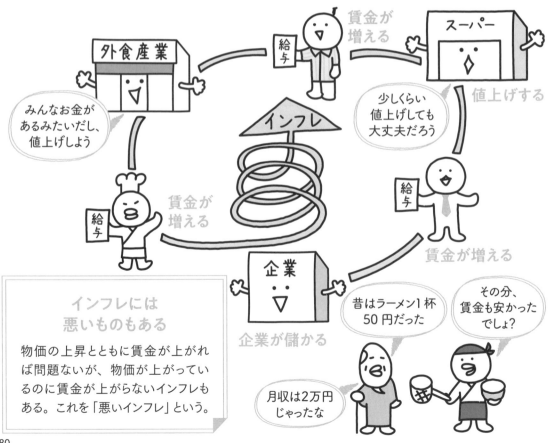

インフレ・デフレの意味を知りたい

例えば昨年100円だった飲料が今年は110円に。このように物価が上昇することをインフレ、逆に物価が下落する現象をデフレと呼びます。

KEY WORD　インフレ・デフレ

インフレという現象は、物価の上昇、すなわち貨幣価値の下落という状態を表す言葉です。例えば、今まで1本100円で買えていた缶ジュースが110円になるとします。缶ジュースの値段は上がりましたが、逆にいえばお金の価値が下がっているということになります。ただ、**経済が成長すると原則としてインフレになります**。「昔は物価が安かった」といいますが、当たり前のことなのです。

インフレはごく自然な現象

賃金が増える

スーパー

給与

外食産業

みんなお金があるみたいだし、値上げしよう

少しくらい値上げしても大丈夫だろう

値上げする

インフレ

賃金が増える

給与

給与

賃金が増える

企業

企業が儲かる

昔はラーメン1杯50円だった

その分、賃金も安かったでしょ?

インフレには悪いものもある

物価の上昇とともに賃金が上がれば問題ないが、物価が上がっているのに賃金が上がらないインフレもある。これを「悪いインフレ」という。

月収は2万円じゃったな

インフレと逆の現象が**デフレ**。つまり、物価の下落と貨幣価値の上昇を指しています。また、デフレは消費行動を先送りする傾向があります。先送りしたほうが安くモノを手に入れられるからですが、**購買意欲の低下がデフレを深刻化させるという問題があります**。そのため、購買意欲を高めて経済の循環を上手く回してくれるインフレのほうが経済的には好ましいのです。

買い控えがデフレを悪化させる

外国為替って何？

当然のことですが、日本以外の国で使われているお金はたくさんあります。異なったお金の取引について考えてみましょう。

　外国為替

例えばアメリカへ旅行に行った場合、当然ながら日本のお金は使えません。アメリカで買い物をするためには、日本の「円」とアメリカの「ドル」を交換する必要があります。このように**2種類の貨幣を交換することを「外国為替」**といいます。もちろん「円」と「ドル」以外のお金を交換することも可能で、外国為替の取引が行われる場所を「外国為替市場」と呼びます。

24時間・世界中で取引されているお金

外国為替市場は特定の場所を指すものではありません。インターネットなどの通信機器を活用したマーケットのことです。外国為替市場は大きく分けて2つ。**銀行などの金融機関のみが参加できるインターバンク市場と、銀行が企業や個人を相手に取引する対顧客市場です。**24時間いつでも外国為替の取引は可能で、ウェリントン・シドニーを皮切りに世界中で取引が行われています。

ONE POINT

例えば米ドルを日本円で購入したいとき、1ドル100円であれば100円で1米ドルを購入できることを示している。このような通貨の交換比率を「為替レート（外国為替相場）」という。

取引高が大きい「東京」「ロンドン」「ニューヨーク」の3つの市場は「世界三大市場」といわれている

円高・円安ってどういうこと？

経済ニュースで「円高・円安」という言葉を耳にしますが、わからない人も多いかと思います。円高・円安の違いを見ていきましょう。

KEY WORD 円高・円安

前項でも説明しましたが、**外国為替市場において日本の円の価値は毎日のように変わっています**。例えば「円をドルに換えたい人」が増えるとドルの価値が高くなり、当然ながらたくさんの円を持っていないとドルに交換できなくなります。この状態を**円安**といい、逆に「ドルを円に換えたい人」が増えると円の価値が高まります。これを**円高**というのです。

円高・円安のしくみ

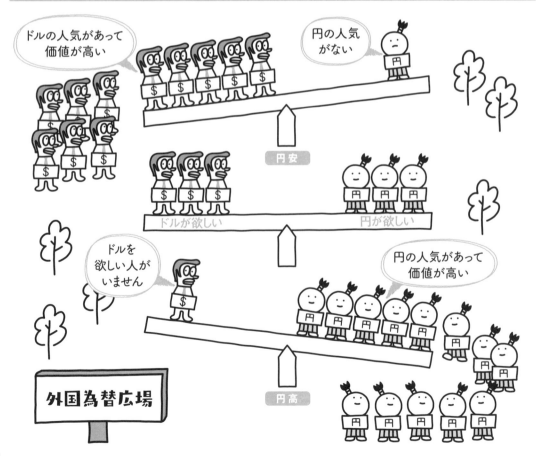

つまり**円安ということは、円がたくさん売られていることです**。円が売られることによって価値が下がり、これまで1ドルの商品を買うのに100円必要だったのが110円ないと購入できなくなるのです。円高はその反対。1ドル100円が90円になると円高です。つまり海外旅行も円高のときのほうが安く行けて、反対に海外へモノを売る場合は円安のほうが儲かるといえるのです。

円高・円安のメリットとデメリット

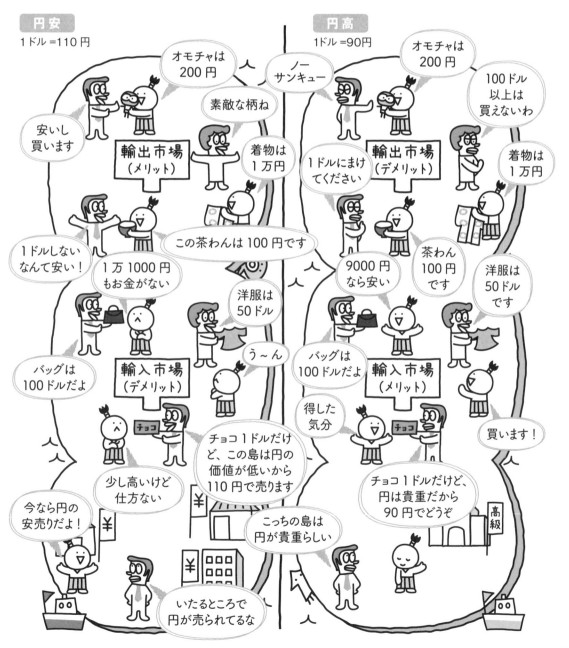

株式のしくみを知る

ひとことで「株」といっても、じつはよく知らないという人は多くいます。そこで、株式のしくみについて深く掘り下げていきます。

「株」は株式会社をつくるためにお金を出した株主に与えられる権利のことです。株を買うことで、株主は会社の経営に携わるオーナーの1人になることができます。会社における経営面や大事な決まりごとは、株主に相談しながら決めなければなりません。そのため1年に1回「株主総会」が行われ、株主は会社の経営などを任せる取締役などを選んだりもします。

会社における株主の立ち位置

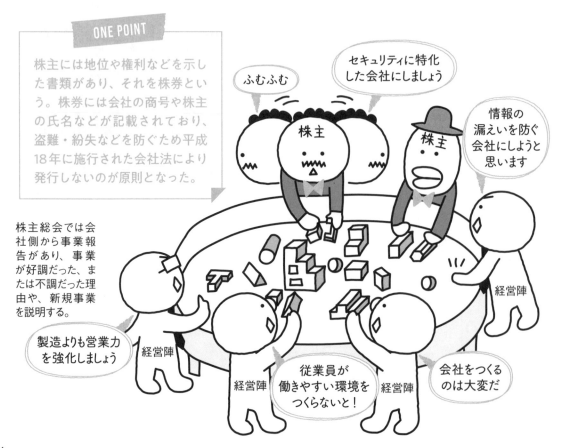

ONE POINT

株主には地位や権利などを示した書類があり、それを株券という。株券には会社の商号や株主の氏名などが記載されており、盗難・紛失などを防ぐため平成18年に施行された会社法により発行しないのが原則となった。

株主総会では会社側から事業報告があり、事業が好調だった、または不調だった理由や、新規事業を説明する。

会社が利益を出すと、その一部は株主に還元されます。そのお金を「配当金」といいます。事業が赤字になれば配当はありませんが、逆に儲かっている会社の株は配当も多くなります。すると多くの人が株を欲しがり、株主は持っている株を売却することもできるのです。**株を売ったり買ったりする場所を「株式市場」といい、株取引は証券会社を通じて行われます。**

さまざまな株式の流れ

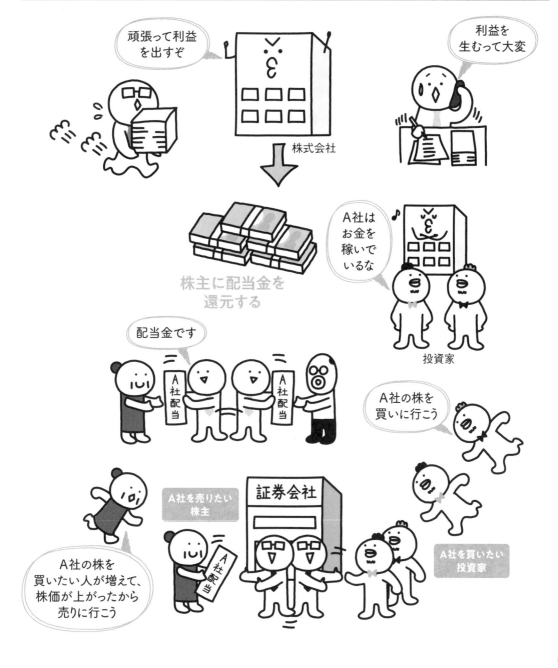

株価は どうやって決まる？

株の価値は変動するのが日常茶飯事です。では、なぜ株価は動くのでしょうか？
その理由を見ていきましょう。

KEY WORD　株価

株式市場では、投資家が**株価**を決定します。例えば「100円で株式を買いたい」
という投資家と「120円で株式を売りたい」という投資家の間で、値段の折り合
いがついた時点で売買が成立します。最終的についた値段が現在の株価になるの
です。もちろん、**その時々の経済状況や会社の業績、また株式を買いたい人と売
りたい人の需給バランスによっても株価は変化します。**

大事なのは買い手と売り手のフィーリング

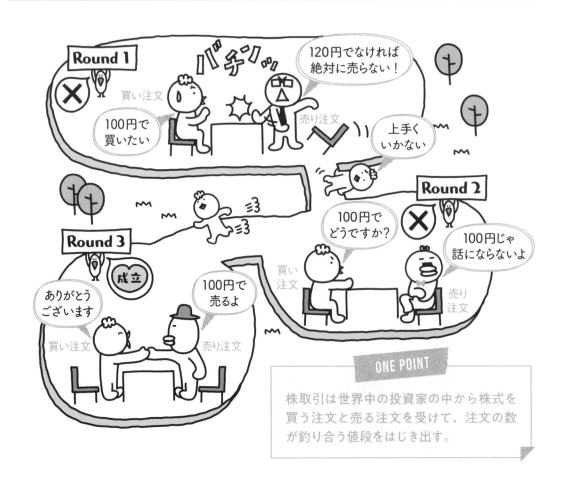

ONE POINT

株取引は世界中の投資家の中から株式を
買う注文と売る注文を受けて、注文の数
が釣り合う値段をはじき出す。

例えば、ある株価は現在1万円でした。会社の業績もよいので、あなたは1万円で購入の注文を出したとします。しかし、ほかの投資家がどうしてもその株を求めていたため1万5000円で購入の注文を出しました。株主は当然高い値段で買ってくれる投資家に売るので、その株には1万5000円の値段がつきます。**このような場合に、「株価が上がった」といえるのです。**

株価は買い手・売り手の勢いで変わる

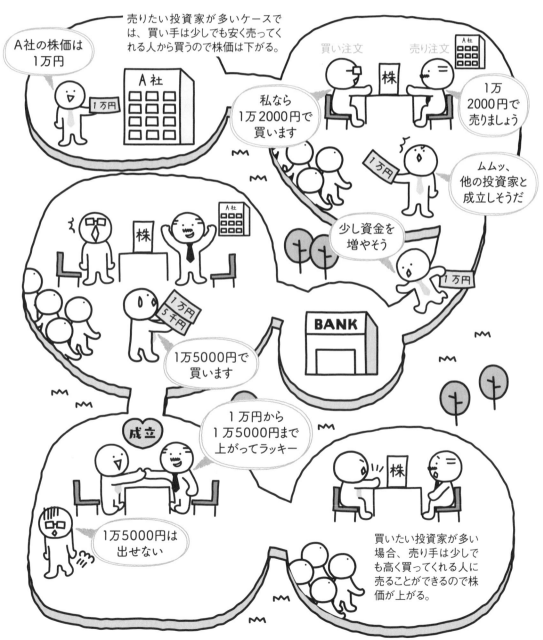

知っておきたい
株式投資の心得

常に価値が変動する株取引において一喜一憂は禁物。お金を儲けるためには、まず株についての知識を深めることが重要です。

KEY WORD 元本割れ

お金が増えるか減るか、どちらにも転ぶ可能性があるのが株式投資です。 そのため緊急時の予備資金が必要になることもあります。毎月の収支がギリギリだったり、貯蓄がなければ投資は厳しいといえるでしょう。ほかにもお金を出せば株は購入できますが、売却などの対応を迫られたときに損をする可能性もあります。株式投資は上級者向けの投資なので、まずは知識を得てからはじめましょう。

投資には知識の蓄えが必要

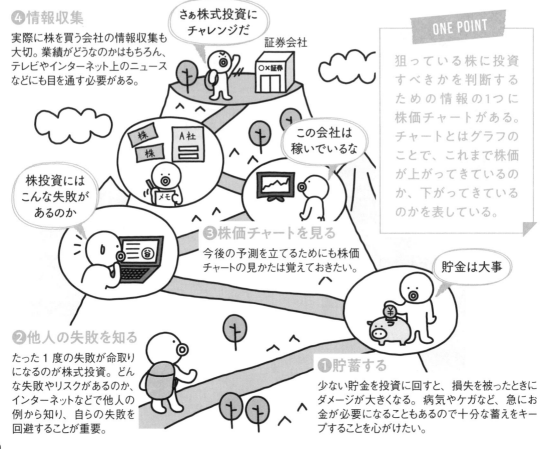

❹情報収集
実際に株を買う会社の情報収集も大切。業績がどうなのかはもちろん、テレビやインターネット上のニュースなどにも目を通す必要がある。

さぁ株式投資にチャレンジだ

証券会社

この会社は稼いでいるな

株投資にはこんな失敗があるのか

ONE POINT

狙っている株に投資すべきかを判断するための情報の1つに株価チャートがある。チャートとはグラフのことで、これまで株価が上がってきているのか、下がってきているのかを表している。

❸株価チャートを見る
今後の予測を立てるためにも株価チャートの見かたは覚えておきたい。

貯金は大事

❷他人の失敗を知る
たった1度の失敗が命取りになるのが株式投資。どんな失敗やリスクがあるのか、インターネットなどで他人の例から知り、自らの失敗を回避することが重要。

❶貯蓄する
少ない貯金を投資に回すと、損失を被ったときにダメージが大きくなる。病気やケガなど、急にお金が必要になることもあるので十分な蓄えをキープすることを心がけたい。

そして投資におけるリスクを正確に把握することが重要です。投資におけるリスクとは「不確実」であること。例えば商品の価格が投資した金額よりも下回ってしまう**「元本割れ」**などがあります。しかし、**こうした投資リスクを怖がっていては投資で成功をおさめることはできません。**先述した通りプロのアドバイスや専門書で知識を深める心構えが、投資において大切なのです。

最大のリスクは「不確実」なこと

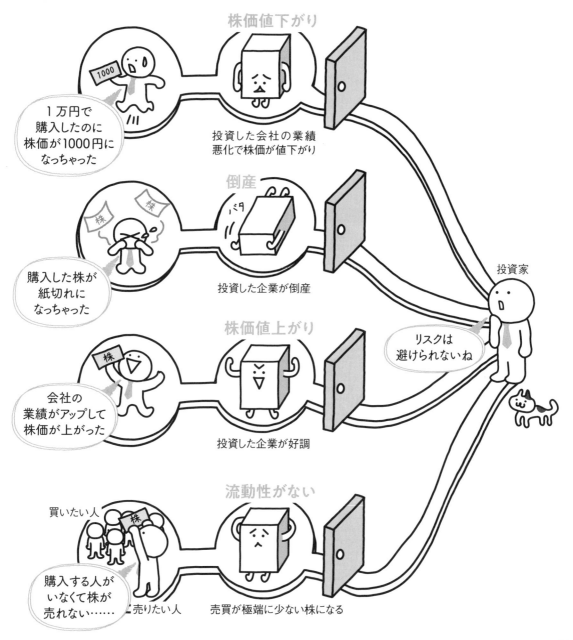

12

投資信託とETFについて知る

株を売買してお金を稼ぐことを「株式投資」といいます。投資にはさまざまな種類やコツがあり、中には専門家の力を借りる方法もあるのです。

KEY WORD 投資信託、ETF

投資といっても株や債券などさまざまな投資商品があり、何をどのタイミングで購入すればいいのか？　その判断は極めて困難なものです。そこで重宝されるのが「投資信託」という金融商品。**投資信託は投資家から集めたお金をさまざまな投資商品に分散して投資し、運用で増えた分を還元するしくみです。**株式投資に比べてリスクを分散でき、初心者でもはじめやすいといわれています。

投資の専門家が運用を担当

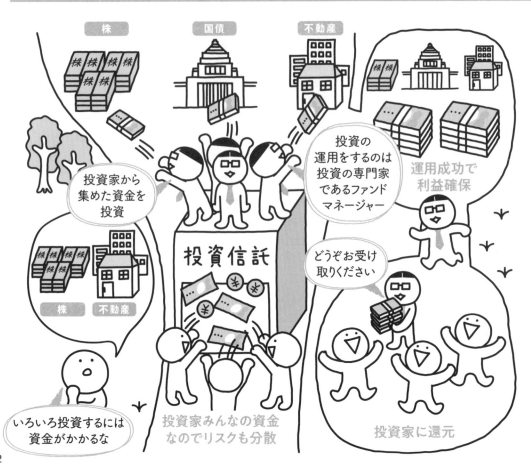

ＥＴＦは投資運用をファンドマネージャーに任せる投資信託と似た金融商品といえます。何が異なるのかというと、ＥＴＦは証券取引所に上場している金融商品ということ。つまり投資信託を証券取引所で株式のように売買できるのがＥＴＦです。特徴としては投資対象が豊富なほか、**常に価格が変動しているため手頃な価格のときに注文ができる点です。**

ＥＴＦと投資信託の違い

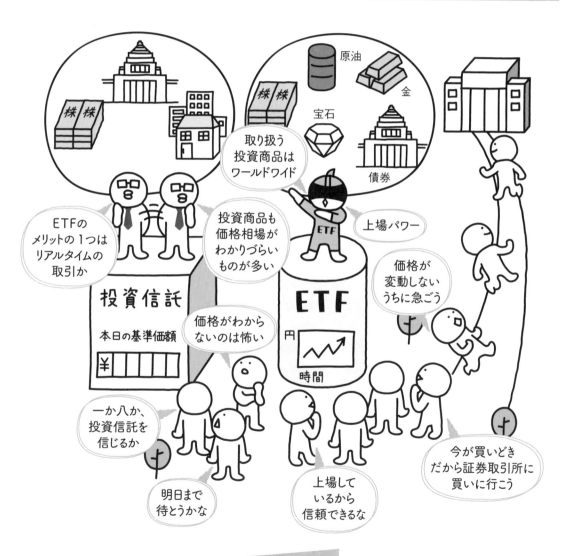

１日ごとに価格が決まっている投資信託の基準価額は、取引の申し込みを締め切った後で公表される。そのため投資家は当日の基準価額がわからないまま取引を行うリスクがある。

ニセ札を造るのは
重大犯罪となる

　日本円を発行することができるのは日本銀行だけですが、コピー機を用いて偽札を造り、逮捕される人が毎年のようにいます。通貨偽造は犯罪であり、法定刑は「無期または3年以上の懲役」になります。これは「誘拐」や「強制わいせつ等致死傷」と同様の法定刑なので、かなりの重罪ということになります。

　なぜ、このような重い罪になるかというと、お金の信用を担保しているのは国であるため、偽札造りはもはや国家に対する反逆行為なのです。たとえ1000円札を1枚コピーして、そのお金を使っての被害額が1000円未満であったとしても、程度の問題では済まされないということになります。

　ちなみに、日本のお札にはあらゆる偽造防止対策が施されているため、コピー機にかけたくらいでは偽札を造ることはできません。コピーをすると真っ黒になって出てきたり、お店のコピー機の場合は警報音が鳴り響いたりするので、間違ってもやらないようにしましょう。

◉主要参考文献

ゼロからはじめる！ お金のしくみ見るだけノート
伊藤亮太 監修（宝島社）

イラストでわかる経済用語事典
水野俊哉 著（宝島社）

図解でよくわかる！ 新 NISA がすべてわかる本 24 年スタート 新 NISA 完全対応
NISA 芸人 トミイ 著（ソーテック社）

1 時間でマスター！ マンガと図解でわかる
新 NISA の教科書
福島 理 著（扶桑社）

お得な使い方を全然わかっていない投資初心者ですが、
NISA って結局どうすればいいのか教えてください！
桶井 道 著（すばる舎）

はじめてでもカンタン！
新しい NISA 超入門 マンガと図解でやさしく解説！
藤原久敏 著（スタンダーズ）

池上彰のはじめてのお金の教科書
池上彰 著（幻冬舎）

学校で教えない教科書 改訂新版 面白いほどよくわかる 最新 経済のしくみ
神樹兵輔 著（日本文芸社）

経済用語辞典
小峰隆夫 編（東洋経済新報社）

カール教授のビジネス集中講義 金融・ファイナンス
平野敦士カール 著（朝日新聞出版）

節約・貯蓄・投資の前に 今さら聞けない お金の超基本
泉 美智子 監修、坂本綾子 著（朝日新聞出版）

◉STAFF

編集	細谷健次朗（株式会社 G.B.）
編集協力	吉川はるか
執筆協力	大島玲美
本文イラスト	小林由枝（熊アート）
カバーイラスト	ぷーたく
カバーデザイン	別府 拓（Q.design）
本文デザイン	別府 拓、奥平菜月（Q.design）
DTP	G.B. Design House

監修 伊藤亮太（いとう りょうた）

1982年生まれ。岐阜県大垣市出身。2006年に慶應義塾大学大学院商学研究科経営学・会計学専攻を修了。在学中にCFP®を取得する。卒業後は証券会社に入社し、営業、経営企画、秘書業務等を経て2007年11月にスキラージャパン株式会社を設立。現在、個人の資産設計を中心としたマネー・ライフプランの提案・策定・サポート等を行う傍ら、法人に対する経営コンサルティング、相続・事業承継設計・保険設計の提案・サポート等も行う。金融や資産運用、社会保障（特に年金）、保険をテーマにした講演でも多くの実績を持ち、FP受験講座の講師としても定評がある。著書に『ゼロからわかる金融入門 基本と常識』（西東社）などがある。

大図解 新NISA対応版
お金のしくみ見るだけノート

2024年6月11日　第1刷発行

監　修　　伊藤亮太

発行人　　関川 誠
発行所　　株式会社 宝島社
　　　　　〒102-8388
　　　　　東京都千代田区一番町25番地
　　　　　電話　営業：03-3234-4621
　　　　　　　　編集：03-3239-0928
　　　　　https://tkj.jp

印刷・製本　サンケイ総合印刷株式会社